MARINILZA BRUNO DE CARVALHO
ANTONIO CARLOS DE AZEVEDO RITTO
(ORGANIZADORES)

A Propriedade Intelectual Como Estratégia de Desenvolvimento e INOVAÇÃO

EDITORA CIÊNCIA MODERNA

A Propriedade Intelectual Como Estratégia de Desenvolvimento e Inovação

Editor: Paulo André P. Marques
Produção Editorial: Dilene Sandes Pessanha
Capa: Ismael Souza da Silva
Diagramação: Daniel Jara
Copidesque: Equipe Ciência Moderna

FICHA CATALOGRÁFICA

RITTO, Antonio Carlos de Azevedo; CARVALHO, Marinilza Bruno de. (Orgs.)

A Propriedade Intelectual Como Estratégia de Desenvolvimento e Inovação

Rio de Janeiro: Editora Ciência Moderna Ltda., 2022.

1. Propriedade Intelectual 2. Inovação 3. Patentes
I — Título

ISBN: 978-65-5842-185-6 CDD 346.81048

Editora Ciência Moderna Ltda.
R. Alice Figueiredo, 46 – Riachuelo
Rio de Janeiro, RJ – Brasil CEP: 20.950-150
Tel: (21) 2201-6662/ Fax: (21) 2201-6896
E-MAIL: LCM@LCM.COM.BR
WWW.LCM.COM.BR **06/22**

Prefácio

Inovação e a Propriedade Intelectual são instituições universais e intrinsecamente ligadas no mundo moderno, pois têm pretensões de completude. Enquanto a inovação se traduz na ideia de invenção,de mudança, de melhoria de algo existente, a Propriedade Intelectual constitui o conjunto de normas de direito cujo objetivo principal é a proteção das obras inventivas, como as literárias, artísticas e científicas, especialmente com o intuito de conferir segurança jurídica ao autor da invenção no uso e exploração econômica do seu invento.

O desenvolvimento da Inovação, associado à segurança gerada pelas regras de Propriedade Intelectual, possibilita dinamizar a transferência de tecnologia produzida em âmbito universitário, impulsionando a chamada "economia da inovação", criando empregos, salvando e melhorando vidas, aumentando a produtividade e oferecendo soluções para os inúmeros desafios da atualidade.Ao gerar e transferir descobertas de laboratórios de pesquisa básica para a sociedade e parceiros comerciais capazes de transformar as invenções em produtos e serviços benéficos, a transferência de tecnologia torna o mundo um lugar melhor para se viver.

Os artigos e as pesquisas que deram origem a este livro, justificam-se, assim, pela oportunidade de sistematizar a realidade da Propriedade Intelectual em projetos de Inovação desenvolvidos e incentivados no âmbito universitário, demonstrando, com as experiências vividas pelos seus autores, professores e estudantes, como se pode promover uma cultura da inovação, com base na segurança, racionalidade e com focona união dos campos acadêmico e econômico.

É a partir dessa visão que o Prof. Dr. Antonio Carlos de Azevedo Ritto, em seu artigo "*Evolução na Produção de Conhecimento Uma Nova Universidade para Novas Relações com a Sociedade*", nos mostra como o cenário atual das Redes Sociais gerou mudanças de toda ordem, notadamente na forma de nos relacionarmos, de aprendermos, de trabalharmos e de viver em sociedade. Como ressaltado pelo autor, o empreendedor é um ator que reúne as condições preexistentes e autônomas para estruturar a iniciativa possível.

A Prof. Dra. Marinilza Bruno de Carvalho, em seu artigo "*Mapeamento da Inovação na UERJ: Prospecção da Propriedade Intelectual na UERJ. Fase Primeira da Gestão da Inovação - Biênio 2020-2021*"nos brinda com o *Case UERJ* dos Laboratórios de Inovação e sua produtividade e os excelentes resultados apurados, principalmente em tempos de pandemia.+

É de Franco Barese, com mais de 22 anos de experiência em inovação e 10 anos de *InovUERJ*, o artigo "*A Gestão da Propriedade Intelectual pelos Núcleos de Inovação Tecnológica: uma visão sobre o InovUERJ*", onde o autor mostra a experiência do Núcleo de Inovação e propriedade intelectual da UERJ nas diversas atividades ligadas à política de inovação. Como ressalta o autor, na UERJ, um dos pilares para a promoção da inovação no ambiente da universidade está justamente na disseminação da "*Cultura de Empreendedorismo, Inovação, Propriedade Intelectual e Gestão da Inovação com as atividades de seminários, palestras, eventos voltados para Inovação, cursos e reuniões nos vários segmentos, da Universidade e para a Sociedade*".

No artigo "Ilha Grande HPA-Resposta à presença de óleo do mar", de Laura Pires Stallone Cabeda, a autora nos apresenta seu projeto, um aplicativo "Ilha Grande HPA" (IGHPA).Trata-se de um programa para celular,devidamente registrado no INPI, e cujo objetivo é informar a população os locaisonde há presença de óleo no mar, quais os organismos aquáticos são mais contaminados. O *software* ainda emite alertas às autoridades, órgãos ambientais competentes, empresas potencialmente envolvidas e à população como um todo. Sua finalidade é fazer o monitoramento e o mapeamento da susceptibilidade ambiental, social e econômica da região da Baía da Ilha Grande e consequentemente do Estado do Rio de Janeiro.

O artigo *"O papel do InovUERJ no avanço de depósitos de patentes na UERJ"*, da redatora de patentes, Dra. Ana Claudia Dias de Oliveira,nos apresenta os chamados NIT´s, segundo a Lei de Inovação. Esses Núcleos de Inovação Tecnológica (NIT) de uma instituição são os locais que buscam, apoiam e disseminam, o conhecimento, além de promover e assegurar uma cultura de inovação permanente no âmbito acadêmico. Os NIT´s tem por finalidade a busca e transformação do conhecimento científico em resultados práticos, através da orientação e articulação com os pesquisadores da instituição e seus parceiros de pesquisa e desenvolvimento.

No contexto dos trabalhos dos grupos de estudo do INPI, as Dras. Bianca Gama Pena e Rita Pinheiro-Machado apresentam em "Melhores Práticas de direito de imagem e propriedade intelectual para a preservação e compartilhamento de acervos" o *Case* do *"Emuseu do Esporte"*, projeto esse desenvolvido e gestado no âmbito de empresa incubada na UERJ. As autores demonstram como o moderno *museu virtual* se insere no campo do patrimônio digital, conforme consenso internacional expresso pela UNESCO (2003), fazendo parte de um conjunto de compartilhamento de informações diversas, provenientes de diferentes fontes, que necessitam, por isso mesmo, ter seus direitos de propriedade intelectual preservados, tanto os relativos à fonte da informação quanto os relativos aos próprios museus, que podem tratar dos temas mais diversos, incluindo aqueles relacionados aos esportes.

Em "*Estratégias de Inovação em Processos Logísticos Sustentáveis: Proposta de Abordagem Triple Helix a Partir do Projeto Polis - Polímeros Para Inclusão Social*", **o grupo de estudo da CEFET/RJ, composto por Nelson Mendes Cordeiro, Úrsula Maruyama e Ronaldo Bernardo Júnior, é analisado um processo inovador de** "tecnologia assistiva" com o desenvolvimento e distribuição de órteses e próteses com material reciclado e com baixo custo. O projeto caracteriza-se por atividades em redes de cooperação, levando ao envolvimento e à participação interativa de múltiplos atores, tais como governos, empresas, universidades e usuários.

Flávia Targa Martins e Valéria da Conceição Chaves relatam em a "Lei De Propriedade Intelectual Nos Meios Acadêmicos ea Pandemia" a experiência vivida na UFRRJ, o desafio dos docentes daquela instituição,na adaptação e utilização das ferramentas tecnológicas para prosseguir com o processo de ensino-aprendizagem de forma remota. As autoras mostram como o uso das novas tecnologias auxiliaram na experimentação e na investigação, uma vez que permitiram aos alunos vivenciar, fomentar e construir seu conhecimento com o auxílio de um professor que age como facilitador. Neste cenário a criatividade, fala alto e a orientação para a Lei De Propriedade Intelectual torna-se mandatório

Por fim, em "*As Peculiaridades e Controvérsias Jurídicas Relacionadas à Ampliação do Conceito de Instituição Cientifica Tecnológica e de Inovação (ICT) no Novo Marco Legal da Ciência e Tecnologia e o Impacto nas Instituições do Sistemas*"de autoria do Prof. Dr. José Carlos Vaz e Dias (LLM/PhD Kent), Leonardo Sant'Anna (PhD Fiocruz) e Raphaela Magnino,os autores analisam o impacto das alterações na Lei de Inovação Tecnológica, implementadas pela Lei nº. 13.243/2016, quanto à ampliação do rol dos agentes de inovação. Observou-se uma modificação no conceito das Instituições Cientificas, Tecnológicas e de Inovação (ICTs), que passaram a incluir as pessoas jurídicas de direito privado sem fins lucrativos. Essa ampliação possibilitou que financiamentos públicos fossem direcionados para as ICT´s privadas, formadas por universidades e centros de pesquisa privados e pelas associações envolvidas em inovação.

Esperamos que o leitor, ao final da leitura dessa obra, possa compreender a importância do investimento em inovação, como forma de melhoria não apenas da competitividade de empresas, mas também de países. Com empresas mais inovadoras, países podem reduzir a distância da fronteira tecnológica, aumentando a geração interna de riqueza de sua população. Por isso, investir em inovação é investir no crescimento da economia com vistas ao desenvolvimento social, afinal, não há desenvolvimento sem crescimento.

Henrique Couto da Nóbrega
Diretor da Procuradoria da UERJ

Sumário

Capítulo 1

Evolução na Produção de Conhecimento Uma Nova Universidade para Novas Relações com a Sociedade

Prof. Dr. Antonio Carlos de Azevedo Ritto

Introdução

As Redes Sociais promovem mudanças de toda ordem, estão mudando a forma de nos relacionarmos, de aprendermos, de trabalharmos, novas formas de viver. São tempos intensos em mudanças, sobretudo mudanças no conhecimento e na percepção. As redes provocam mudanças em tudo.

Culturas diferentes se encontram em vários espaços de produção, de tomada de decisão e de realização de trocas de várias ordens, seja no campo politico, social, econômico com influência no cotidiano das pessoas através das inúmeras manifestações das redes sociais.

As redes cogitam e se sustentam em tecnologia, mas, estão voltadas para as pessoas, fonte geradora do conhecimento e base fundamental de suas melhores utilizações.

É preciso energia intelectual substancial e constante para tratar dos impactos decorrentes das transformações provocadas pela automação acentuada, pela inteligência artificial e para a incorporação dos poderes de tecnologias como Computação em Nuvem, Big Data, Robótica, Realidade Aumentada, Internet das Coisas, Impressão 3D, Redes Neurais, Inteligência Artificial, dentre outras. Que novas competências precisam ser desenvolvidas? Que novos conceitos de serviços terão que ser lançados? Que novos programas de desenvolvimento? Como conviver com a uberização (trabalho sob demanda)? Que iniciativas de regulamentação em curtos e longos prazos? Que novos comportamentos? Que novos Princípios Éticos? (Ritto 2018).

Estamos vivendo um tempo intenso em conhecimento como fonte de riqueza e um processo crescente de comunicação e intercomunicação individual, social, econômica e política.

A economia está intensamente baseada em conhecimento e inovação tecnológica determinando, entre muitas outras coisas, educação continuada, ou mais propriamente, aprendizado continuado, permanente. Há novas formas para as pessoas se manterem atualizadas, se inserirem no mercado de trabalho, de administrarem aspectos previdenciários, se relacionarem social e emocionalmente.

Intensificam-se as relações entre as pessoas e aumenta a necessidade de especificações cada vez mais detalhadas e formalmente aprovadas pelos agentes, para que seja viabilizado o trabalho através dos canais de suprimentos envolvendo múltiplas parcerias nos processos horizontais de produção fragmentada em redes com elevado grau de automação.

Uma Rede de Aprendizagem Robusta

Instituições, antes definidas pela organização física dos seus recursos, se transformam em flexíveis conexões cooperativas. Práticas novas emergem dos novos formatos de relacionamento no âmbito das organizações públicas e privadas num tempo de globalização agressiva, redes sociais de toda ordem, penetrantes na intimidade, ocasionando mudanças rápidas nos sistemas e nas relações.

A organização em redes tem o potencial de gerar isolamentos, mas também possibilita novas formas de organização, independente do espaço e do contato físico entre as pessoas no desenvolvimento de seus objetivos.

As redes simples de computadores evoluíram rapidamente para uma rede de redes. Agora a rede é de funções, uma rede que concerta atividades que, em conjunto, produzem um mundo novo num ambiente virtual eletrônico de produção.

Ambiente eletrônico de produção é a integração de uma rede de atores mediada pela tecnologia. A tecnologia é apenas um meio, um facilitador. O potencial está na sinergia que possa emergir da relação entre os atores da rede de valor. Os alavancadores da auto-organização são comportamentais, habilidades sociais, tolerância ao erro, atitude crítica à experiência, valorização da investigação, delegação, autonomia pessoal, isso tudo em tempo real.

Tudo muito fragmentado dependente de competências integradoras.

A reestruturação da produção decorre de dois aspectos da inovação: inovação tecnológica e inovação na forma de produção e na gestão.

Constatam-se:

- Remuneração caindo
- Desaparecimento de funções e de profissões
- Emergência de novas funções e profissões
- Trabalho mental superando o físico
- Empregos sumindo
- Trabalho crescendo
- Prestadores de serviço disputando trabalho
- Rendimento em função do Serviço Prestado

- Aumenta o Trabalho Informal
- Mudanças na forma de se encontrar Trabalho

As predisposições do ambiente tecnológico fortemente apoiado nas redes favorecem e aceleram transformações técnicas, econômicas e comportamentais que propiciam a emergência das Redes Sociais.

Os recursos computacionais têm extensa capilaridade alcançando, através das redes, todos os espaços; invadem as organizações e as residências e habita corpos humanos em diversas modalidades de controle e superação de enfermidades.

Assiste-se a uma difusão em larga escala de dispositivos móveis atravessando, inovando e inaugurando novos processos e novas relações, sepultando antigas formas de registro e de comunicação. A conectividade é quase total e o mundo parece estar na palma da mão através de equipamentos cada vez mais poderosos.

Há uma acentuada redução dos custos de instrumentos de tecnologia da informação ao lado do crescimento de suas capacidades.

Essas novas capacidades sustentam uma globalização cada vez mais intensa proporcionando a cada caso e a cada momento identificação e contratação de serviços inteiramente pelas redes; desde a pesquisa por fornecedor, acerto de contratos, pagamentos, recebimento de produtos e serviços, até as avaliações de todos os atores interatuantes em tempo quase real de forma fácil, rápida e deixando acesso para todos os envolvidos, de todos os dados, de todos os processos.

Neste contexto assistimos a uma comoditização de bens materiais e uma importância crescente dos aspectos imateriais dos bens e do trabalho – conhecimento, percepção, relacionamento, sensação de pertinência.

Por outro lado, e com conotações negativas, constata-se a dissolução das formas estáveis de relacionamento entre organizações e entre pessoas; tudo se resolve caso a caso, com lógica de mercado e afastado das relações humanas, com todos buscando espaços de inserção. Percebe-se permanentemente um remix cultural – mistura constante – estruturação e reestruturação.

Um novo paradigma para aprender – fazer junto

O novo paradigma de sistemas complexos dá às relações humanas, sociais, organizadas, interativas um lugar epistêmico essencial - inclui contradições e determinação recíproca, interdefinição.

Nenhuma posição alternativa poderá escapar às contradições internas.

A inteligência não consiste apenas na capacidade de resolver problemas, mas também na capacidade de "inserir-se em um mundo compartilhado". O aprender a aprender sai da escola, em muitos casos perde sua referência escolar – como único ponto de apoio – e adquire um caráter de centro de trabalho e fabril, de cidade e foro, de comunidade e nação ou região com culturas e civilizações distintas e universais, em que as organizações e redes pensam e atuam e criam como "coletivos" com variados jogos, autonomias e disciplinas dos componentes que os integram. A organização do saber-fazer e das redes de coletivos está na base da criação de novas relações sociais na própria sociedade, na cultura, na economia e na política (Casanova, 2006).

Mudanças associadas com a emergência de conhecimento

Há pelo menos três fatores a serem considerados nas novas emergências na criação de conhecimento: Fatores Culturais, Fatores Sociais e Fatores do Trabalho.

1. Fatores Culturais: complexidade; ciências novas; mudanças nos mitos de ficção científica sobre o potencial de humano (do físico para a mente); mídia transforma-se de fato em sistema de educação de massa; surgimento de escolhas a partir de computação ubíqua, onipresentes; gestão por entregas/resultados; gestão voltada para a atualização permanente e inovação contínua.

   Todos nós lidamos com mais complexidade em praticamente todos os aspectos da vida. Muita novidade emerge simultaneamente e temos a impressão que a cada momento algo importante nos escapa. É frequente a sensação de insegurança e são frágeis os processos de tomada de decisão.

   Há ciências novas, tanto no campo da tecnologia, como no campo social, estimuladas, sobretudo, pelas relações interdisciplinares, pelas novidades da física quântica e das revelações da neurociência e mesmo as formalizações de técnicas e de pesquisas em áreas como meditação (mindfulness) que passam a integrar o repertório das pesquisas (Cambridge University, 2019).

   A mídia transforma-se de fato em fonte de conhecimento e de educação de massa com oportunidades de aprendizado disponíveis, de forma fragmentada, experimentadas diante de oportunidades e integradas por cada agente de acordo com suas buscas e entendimentos. Certamente são enfrentadas superficialidades, vantagens e desvantagens com problemas de entendimento e de mau uso.

   Neste contexto surgem escolhas baseadas em informações agora ubíquas e usadas oportunisticamente por quem quer que as acesse. Tudo está onipresente, disponível para uso – informação na palma da mão – para todas as mentes, preparadas ou não, para seus entendimentos e utilizações.

2. Fatores Sociais: teias que substituem pirâmides na organização do trabalho - das hierarquias para as redes; pessoas e grupos capazes de catalisar ou desestabilizar grandes entidades.

Nos contextos sociais as redes substituem as hierarquias nas relações de aprendizagem e na tomada de decisões. As pessoas, no desenvolvimento das atividades mais simples às mais complexas, convivem com novidades que obrigam a um aprendizado permanente e à inauguração de comportamentos e formas de perceber a realidade. Destaca-se, sobretudo, a necessidade de aprender com os aspectos emergentes da realidade e com as relações com os outros agentes, tantas vezes diferentes, mas agora feitos parceiros na percepção, na tomada de decisão, na intervenção da realidade e no compartilhamento de suas consequências – para o bem e para o mal. Caos e ordem convivem nos ambientes determinando a permanente necessidade de estruturantes que buscam suas possibilidades nos conhecimentos de cada um, mas que só prosperam na colaboração de todos (Ritto, 2021).

A participação e organização dos agentes envolvidos é condição necessária, mas não suficiente para a sustentabilidade do desenvolvimento endógeno. É necessário também construir novas institucionalidades de gestão social compartilhada, tais como fóruns, conselhos etc. e para oferta de bens e de serviços inovadores, para apoio às atividades locais organizadas. É também necessário identificar sistemas exógenos relevantes para o local, assim como conseguir apoio governamental, que funciona melhor se é descentralizado e quando se baseia em parceria entre o setor público e privado.

No contexto das redes e das possibilidades de produção que elas estabelecem, a complexidade representada pela quantidade de sujeitos passíveis de interação, pela autonomia de cada ator, pela diversidade de objetivos e de visões de mundo, pelas contradições metodológicas e culturais não representa uma dificuldade insuperável, mas na real possibilidade da construção de uma estrutura singular de produção apoiada nos atores necessários, adequadamente integrados. Assim, o empreendedor é um ator que reúne as condições preexistentes e autônomas para estruturar a iniciativa possível. É necessário identificar as sinergias locais e as complementaridades necessárias. A tomada de decisão prospera a partir de uma governança sustentada através de fóruns, grupos de percepção, grupos de discussão e de decisão que substitui o processo permanente de estruturação dos atores que se dá tradicionalmente pela via hierárquica.

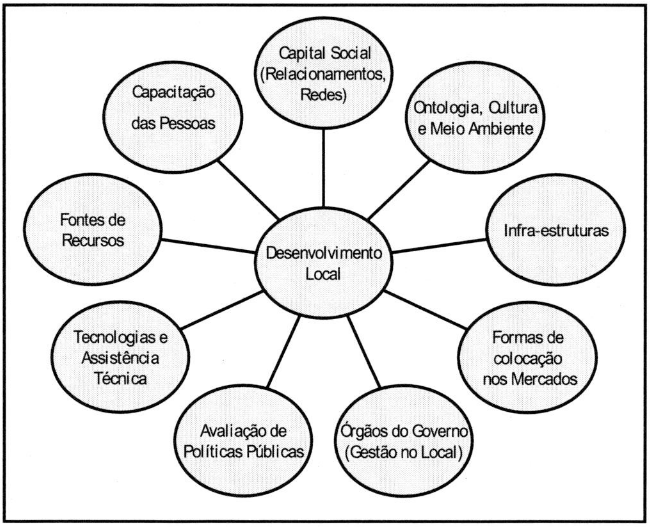

Figura 1 – Estrutura horizontal de atores locais

Assim, a concertação para o desenvolvimento precisa estruturar horizontalmente os atores sociais, Figura 1, para percepção, decisão, desenvolvimento e implantação dos resultados dos projetos, identificar e mobilizar os interesses econômicos e vocações do local, eventualmente através de proposta de políticas descentralizadas considerando compartilhamento e protagonismo local. A melhor concertação busca, permanentemente, identificar e estimular dinâmicas, redes técnicas, sociais, institucionais e empresariais, no local, e comprometidas com o contexto (Ritto, 2021).

As lógicas exógenas funcionam obedientes a lógicas distantes, externas em relação à área da ação; são internas aos setores e às empresas globais que as mobilizam. As lógicas endógenas em uma economia regional ou local incluem atores com diferentes perfis e interesses, cujo índice de satisfação também é diferente. Dentro de cada região, as alianças e acordos e os contratos sociais implícitos ou explícitos estão sempre se refazendo e a hegemonia sempre sendo revista.

É conveniente inverter o papel tradicional da sociedade, das pessoas, de agente passivo das políticas públicas para ator central, protagonista, do processo de construção das condições para o desenvolvimento econômico e social (Ritto 2021).

3. Fatores do Trabalho: perda de autoridade institucional; ameaça de substituição por instrumentos eletrônicos, por software e por trabalho de custo mais baixo; falta de alternativas e disponibilidades de emprego para profissionais; dicotomia fundamental entre a ênfase em sistemas de entrega, foco no valor para o cliente e ainda, a exigência de habilidade para futuras competências.

Fragmentação por cima e por baixo - Mudanças Paradigmáticas

"Por cima" a globalização atende primordialmente a interesses corporativos e, na maioria das vezes, está submetida a Grupos Econômicos. Neste ambiente a organização social está ameaçada, por cima, pela globalização.

Numa economia mundializada faltam autoridades para impor limites à atividade econômica. Capitalismos nacionais estão ligados à história de cada país; Instituições de nível mundial, Bancos, FMI e OMC impõem lógica econômica e não objetivos sociais. Por cima das relações sociais, e mesmo de difícil alcance pelas políticas nacionais, encontram-se os elementos da Globalização da produção agora horizontalizada.

"Por baixo" está o indivíduo com sua subjetividade, isolamento, diferenciado em seus valores, interesses de cada um, direitos humanos. A organização social está ameaçada por baixo, num apelo cada vez mais radical e apaixonado ao indivíduo e não à sociedade; as redes sociais aceleram os processos de individualização.

Constatações cotidianas do inesperado desatualizam competências e instituições e expõem a fragilidade de métodos sofisticados de planejamento. Na verdade, planejamento se mantém necessário; quem fez um planejamento caprichado está mais bem preparado para a improvisação. Como manter o mundo institucional em meio à vitalidade das mudanças na conjuntura, no conhecimento, nas demandas, nos ambientes políticos, econômicos e sociais? Como acomodar gestão racional (lógica determinista) com a natureza política da cúpula das organizações e com a mudança permanente, emergente, global-local? Que modelo teórico de vida social pode orientar uma reorganização social em meio a tanta diversidade? As relações sociais não são mecânicas, são caóticas. Como equalizar potenciais num trabalho em rede, fragmentado no tempo e no espaço?

Por baixo, nas relações sociais cotidianas encontram-se as redes sociais que se manifestam de formas inéditas também criando problemas de difícil tratamento pelo aparato legal vigente; fake news são apenas o exemplo mais exuberante.

A necessidade de mecanismos de medição, de análise, de disciplinamento de limites é imperativa. Mas, modelos e padrões antigos nem sempre servem.

No meio do caminho está a Sociedade tentando cuidar do interesse de todos, dos Direitos Sociais, dos Direitos do Cidadão, das Leis e da Racionalidade. Sociedade é a interdependência, na mesma unidade territorial, dos diversos setores da atividade coletiva.

Inovação - necessidades e riscos

Aprendemos que uma coletividade que não sabe o que a ameaça não tem nenhuma chance de sobreviver. A economia desmaterializa-se e cada vez são mais frequentes as referências às empresas virtuais, ativos intangíveis, capital intelectual, produtos mais complexos, com mais conhecimento multidisciplinar agregado.

A capacidade de aprender é o diferencial estratégico da produção e é preciso tratá-la com metodologias e ferramentas apropriadas, processar adequadamente os dados, aplicar corretamente as informações e gerenciar conhecimentos (Ritto, 2004).

Inovar parece não ser mais uma opção ou uma vocação e sim um imperativo. As organizações compartilham um ambiente complexo com um conjunto grande e incontrolável de atores de toda ordem.

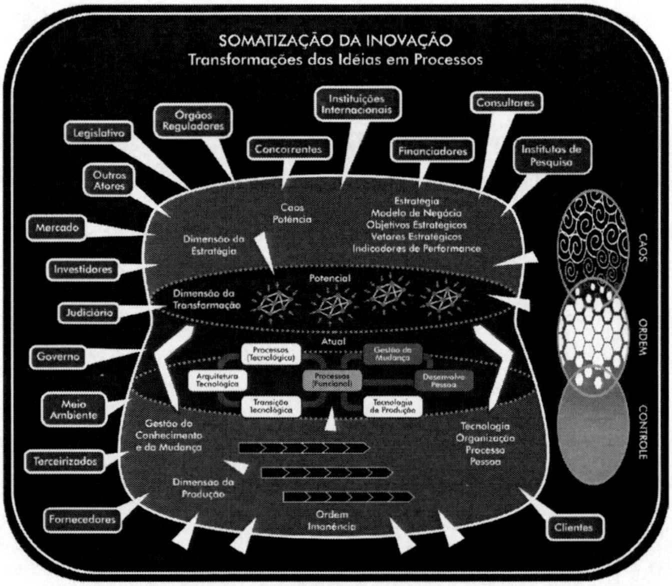

Figura 2 – Caos e Ordem (Ritto, 2004)

Neste ambiente é necessário manter vigilância tecnológica e vigilância regulatória permanente. É mandatório entender movimentos dos diversos agentes direta ou indiretamente envolvidos no ambiente de negócios da organização. É relevante estar atento aos protótipos e produtos em desenvolvimento nos institutos de pesquisa.

É importante estar atento aos movimentos dos clientes, fornecedores, parceiros e terceiros de toda ordem que podem fazer movimentos que venham a influenciar decisões passadas, presentes ou futuras.

A figura 2 revela sinteticamente este ambiente caótico, com todos os agentes em movimento permanente, do qual a organização precisa tirar a ordem possível, sempre ameaçada por maus entendimentos ou de movimentos não percebidos.

Quase sempre é difícil perceber todos os movimentos, suas consequências nos processos e produtos da organização, as tecnologias emergentes e suas adoções na organização.

É necessário muito esforço para a transformação das ideias nascidas em qualquer dimensão ou local, mas decididas na dimensão estratégica; estas ideias e propostas precisam ser trabalhadas até que sejam transformadas em processos formais para então serem adotados como métodos de trabalho da organização. Uma dimensão estratégica terá que colocar suas reflexões no futuro e, consultando sua história e ousando criar, estabelecerá os caminhos para a organização.

Do caos inicial das ideias até a ordem inerente às normas e sistemas que configuram os processos de produção, muito esforço será despendido.

A **Dimensão Estratégia** é um processo de digestão da percepção e do processamento das diversas forças do ambiente político, econômico e social, aprendidas no passado, observadas no presente e projetadas no futuro, externas e internas.

Este processo tem características não lineares, caóticas, com escolhas arbitrárias e seus produtos são os caminhos e formas de atuação que incluem direções, modelo de negócios, relações com os diversos agentes, conduta das pessoas, dentre outras. Finalmente, estabelece os objetivos para a organização e seleciona os indicadores de desempenho para medida das consequências das ações estratégicas.

A Dimensão Estratégica é excitada pelo conjunto de forças do ambiente e elabora cenários prospectivos para aprender a respeito das possibilidades do futuro, tanto a partir de atores externos, quanto dos atores internos, já que a endogenia joga papel importante na inserção da organização em futuros ambientes políticos, econômicos e sociais.

Não se trata de 'adivinhar' ou de prever o futuro, mas de criá-lo - mais propriamente participar ativamente de sua criação. Aprender e construir uma boa percepção das possibilidades futuras proporcionará à organização um papel protagonista nesta criação e, por consequência, um destacado lugar no futuro.

A Dimensão Estratégica, por lidar com dinâmica não linear e ser arbitrária nas suas escolhas, produz direções e objetivos que carecem de adequada transformação em normas e sistemas que indiquem ações e formalizem os processos para a organização visando a suas consecuções. Trabalha com questões tais como:

- Quais são os Atores do ambiente em que a organização atua?
- Que papéis (valor que agrega) desempenham no Ambiente?
- Quais as relações entre os Atores?
- Qual o fluxo da relação entre os Atores?
- Quais as informações e quais seus fluxos no ambiente?
- Sob que ótica agregar dados?
- Qual é a nossa proposição básica de valor no ambiente de inserção da organização?
- Como segmentamos o ambiente em que atuamos?
- Que tipo de clientes atendemos?
- Onde estão nossos clientes?

- Onde estarão nossos clientes no futuro?
- Em que ponto no sistema de negócio obtemos bons resultados?
- De onde vêm nossos recursos? De onde virão?
- Qual é o fator determinante do volume de nosso sucesso?
- Quais são as principais determinantes dos custos? Como podem ser no futuro?
- O que achamos que sabemos fazer bem?
- Como estão as práticas de endogenia tecnológica?
- Que infraestrutura física sustenta a nossa atuação?
- Quais são as habilidades predominantes? Quais deverão ser?
- Qual a trajetória de nossos gastos em desenvolvimento? Em que direção aponta?
- Estamos alerta aos novos modelos de fornecimento de valor? Como fazemos isso? Como podemos evoluir?
- Quais as tendências tecnológicas que devemos considerar?
- Que novos produtos e serviços podem mudar as relações entre os atores no nosso ambiente de negócio?
- Que medidas regulatórias podem alterar as relações entre os atores, atuais e futuros no nosso ambiente de negócios?
- Que dificuldade haveria para reorientar os programas de investimento?
- Que dificuldade haveria para reconfigurar a infraestrutura?

A **Dimensão da Transformação** é um processo de promoção de mudança organizacional que a partir, tanto dos objetivos decorrentes das diretrizes estratégicas e das diversas orientações contidas nos indicadores de performance, quanto das possibilidades e da prontidão para a evolução do grupo de pessoas da organização, desenhará e promoverá as mudanças adequadas nos processos de produção tratando as dimensões das arquiteturas tecnológicas, da informação e da produção, da estrutura organizacional, das normas e procedimentos e de desenvolvimento da pessoa, traduzindo os objetivos e indicadores estratégicos nos sistemas de gestão e aquisição da informação para as unidades de negócio de forma concreta. Esta dimensão traduz as direções estratégicas nos processos efetivos a serem adotados na organização; transformação de direções e desejos em processos ordenados. Enquanto a dimensão estratégica faz escolhas no caos, a dimensão da transformação constrói a ordem que a dimensão da produção executará. Esta dimensão também tem forte conotação arbitrária nas suas escolhas e trabalha com estruturação de projeto já que seus desenvolvimentos são de caráter temporário, obedecendo a conjuntos alternativos de atividades, instanciados para cada tema ou assunto, cuidando, ao mesmo tempo, tanto das necessidades de integração organizacional, como das particularidades de cada unidade. É responsável pela gestão da mudança e pela gestão do conhecimento e suas permanentes evoluções na organização. Preocupa-se com questões tais como:

- O que é conhecimento na nossa organização? Como está evoluindo?
- Como nossa organização aprende?
- Que competências essenciais estão presentes? Quais precisam ser desenvolvidas?
- Como está sendo usado BI? (uso da tecnologia para aumentar a percepção da realidade a apoiar a tomada de decisão – utilização do computador como um microscópio)
- Que clientes seriam mais resistentes à mudança?
- Que sensitividades estão latentes? (nos usuários atuais e potenciais, nos fornecedores atuais e potenciais, no corpo da organização)
- Que novas competências terão que ser adotadas?
- Que novos conceitos de produtos / serviços deverão ser criados e que novos processos de produção terão que ser formalizados?
- Que novos programas de desenvolvimento terão que ser implantados?
- Que iniciativas de regulamentação devemos incentivar? Contra quais devemos lutar?
- As necessidades do ambiente poderiam ser mais bem servidas por uma configuração alternativa de habilidades e de ativos?
- Qual é a vulnerabilidade da organização às "novas regras do jogo"?

- Que novos tipos de benefícios devem ser procurados e oferecidos a curto e médio prazos?
- Que novas competências precisam ser desenvolvidas ou adquiridas para oferecer estes benefícios?
- Como reconfigurar a interface com o ambiente durante os próximos anos?
- Como pode influir um Projeto de P&D na estratégia e nas práticas da organização para promover aumento da estatura intelectual das pessoas e gerar inovação na organização?
- Que metodologia pode ser aplicada num Projeto de P&D na organização da criação de novos valores a agregar?
- Como pode ser criado novo conhecimento e como pode ser gerido na organização?

A **Dimensão da Produção** executa processos ordenados, controlados e aprende com eles. Cada atividade precisa estar configurada com os aspectos de sinergia e complementaridade que só prosperam, na dimensão concreta da produção, quando estão apoiados por linguagem comum entre os atores intervenientes, dentro e fora da organização, em toda a cadeia de agregação de valor, dos insumos ao consumo. Certamente há aprendizado e evolução nos processos e tudo recomenda que as inovações percebidas nesta dimensão sejam adotadas sob orientação da dimensão de transformação. Vale ressaltar que a estrutura de trabalho da dimensão de transformação é em rede e as pessoas da produção, que tenham seu conhecimento e sua sensibilidade desenvolvidos pela experiência adquirida no cotidiano dos processos, devem ser chamadas para compor estas redes. Porém, é na dimensão da transformação que serão tratadas as conexões adequadas para a somatização das novidades, de forma integrada, sinérgica e complementar com relação a todos os atores envolvidos.

Vale ressaltar que os Processos, nesta dimensão, são desenvolvidos em caráter permanente, obedecendo a um conjunto definido de atividades. Portanto, a preocupação central aqui é como fazer mais, melhor e a um custo menor. Esta dimensão preocupa-se com questões tais como:

- Como fazer permanente avaliação dos processos visando à eficiência e à eficácia?
- É conhecida a anatomia de cada resultado, de cada etapa do processo de Produção?
- São conhecidos e acompanhados os custos incorridos no desenvolvimento de cada atividade do Processo? São cotejados com os resultados obtidos e com o valor que a atividade agrega? São realizados benchmarks com outros agentes e com outras formas de produzir?
- Cada gerente conhece a consequência econômica dos seus atos nos processos de produção?
- Há mecanismos de vigilância quanto às tecnologias emergentes e seus efeitos nas diversas atividades de produção?
- Há conhecimento, acompanhamento e controle da cadeia de agentes que fornecem produtos e serviços para alimentar os diversos processos de produção? Há vigilância tecnológica visando permanentemente baixar custos e aumentar a qualidade?
- Há conhecimento, acompanhamento e controle a respeito da logística dos produtos e serviços até a entrega a seus usuários finais?
- Há conhecimento, acompanhamento e controle na fase pós-venda durante a vida útil dos produtos e serviços?
- Há vigilância a respeito da percepção dos clientes, consumidores e usuários finais quanto aos produtos e serviços oferecidos?
- Há vigilância a respeito da percepção dos distribuidores, clientes, consumidores e usuários finais quanto à organização, sua forma de atuar e da marca?
- Há programas de atualização permanente das pessoas, tanto no treinamento nos instrumentos em uso na organização, como na educação nos conceitos, atuais e emergentes?
- Há atratores cognitivos, ouvidorias da realidade, em todos os agentes da rede de agregação de valor na qual se insere a organização e em todas as suas manifestações?

Na Dimensão de Produção há que se ter cuidado para que o cotidiano não esgote a capacidade de questionamento e iniba a busca de melhoria. A velocidade e intensidade das mudanças condenam as organizações que se permitem à rotina. O dia a dia pode impedir a reflexão sobre o futuro; no dia a dia o urgente sobrepõe-se ao importante (Ritto, 2004).

Inovação para Inovar

A inovação é o desafio do mundo contemporâneo e é também o instrumento que as pessoas e as organizações precisam utilizar para cogitar suas inserções no futuro.

O mundo prossegue mudando com base nas inovações tecnológicas e as novas plataformas que oferecem para processamento.

As pessoas acessam seus documentos e funcionalidades, suas atividades de processamento e comunicação a partir de qualquer dispositivo, a qualquer hora e em qualquer lugar. As organizações já alteram suas estruturas internas, minimizando também suas plataformas tecnológicas centrais e suas estruturas descentralizadas internas de tecnologia e intensificam a gestão, seus desenvolvimentos, seus serviços, a partir das facilidades oferecidas pelas plataformas na nuvem.

A computação em nuvem é mudança de paradigma no setor de tecnologia da informação diminuindo o custo de TI e provocando mudanças significativas de comportamento no uso da rede e acesso a dados. As plataformas de computação pessoal que alteraram a estrutura tecnológica, até então pensadas de forma centralizada e no desempenho das diversas funcionalidades, cedem lugar à computação móvel baseada em plataformas pessoais cada vez de menor custo e com sofisticadas capacidades de interatividade a partir das nuvens.

As mudanças decorrentes destas novas facilidades já estão transformando as relações entre as pessoas, através do fenômeno das redes sociais, e têm impacto de grande transformação nas estruturas dos negócios, nos serviços públicos, nas relações de trabalho, nas relações entre os atores dos sistemas de saúde, profissionais diversos e pacientes, nos processos judiciais, nos processos de produção, tudo caminhando para um patamar de transparência e inéditos para todos. Tudo está em mutação e todos serão afetados pelas mudanças.

Algumas mudanças já estão consagradas, como a capilaridade dos recursos computacionais, a difusão em larga escala de dispositivos móveis, a conectividade – o mundo na palma da mão - redução acentuada dos custos de produção, competição globalizada –, identificação e contratação de serviços -, comoditização de bens materiais, crescente importância dos aspectos imateriais dos bens e do trabalho – conhecimento, percepção, relacionamento, sensação de pertinência -, dissolução das formas estáveis de relacionamento com busca de espaços de inserção, tribalização dos hábitos e da cultura, mistura constante, estruturação e reestruturação - confesso, logo existo – posso, tenho, que falar de mim para quem quiser ouvir – intensificação do uso das redes sociais. As mudanças estão aí!

Que mudanças afetarão nossas vidas nos campos emocional, profissional, de entretenimento, da saúde, do comportamento, da legislação, do convívio? Como nos preparar para as mudanças? O que precisamos aprender, o que teremos que esquecer, o que teremos que transformar? Como será nossa vida, nas suas diversas dimensões no futuro próximo?

Certamente, inovação é a palavra de ordem e em várias dimensões. Temos que aprender a lidar com inovações que praticamente nos são impostas, mas teremos também que aprender a inovar.

Inovação - a única saída para o futuro é inovar.

A velocidade com que as mudanças ocorrem cria dificuldades para o modelo de aquisição de tecnologia, que pensa a tecnologia como um processo exógeno dos ambientes de produção.

Há dificuldades para assimilação de novas tecnologias por parte de atores que não estão engajados no processo de criação. Atualmente é o aprendizado permanente que habilita a inovação.

Para as atividades produtivas é cada vez mais difícil comprar tecnologia pronta; como usar a nova tecnologia? As novas tecnologias estão, muitas das vezes, imbricadas com várias outras tecnologias e, sobretudo, com conhecimentos que evoluem permanentemente. Não é mais comprar e usar, o processo não é discreto, é contínuo.

A forma mais eficiente, em muitos casos talvez a única, é participar do processo de construção, absorver conhecimento novo e se preparar para inovar, para criar o novo e se habilitar ao uso, à aplicação, acompanhando as mudanças contextuais nas quais a novidade está imersa.

Os agentes de produção de todo porte precisam participar de processos de pesquisa e desenvolvimento para poderem inovar constantemente – principalmente os pequenos e médios. As tecnologias da informação e da comunicação são impulsionadoras desta participação e aceleradoras do processo de criação de conhecimento que vai desaguar no processo de inovação. É fundamental que os agentes da produção estejam ligados a centros de pesquisa para participar do processo de assimilação do conhecimento, e se habilitar à transferência de tecnologia e à inovação.

Inovações tecnológicas impactam os diferentes setores do complexo sistema social, econômico e político das sociedades contemporâneas. A utilização de um instrumento tecnológico implica a cocriação de conhecimento; são complexos os instrumentos, normalmente são complexas suas utilizações em processos de produção compartilhada.

Mas é relevante perceber que a introdução de uma inovação confere poder sobre os processos de produção onde ela será aplicada. A repetição da aplicação de inovações técnicas "dá poder" aos grupos inovadores, já que lhes concede iniciativa e capacidade de prosseguir inovando, preservando e ampliando a autonomia técnica. Esta "acumulação de autonomia e de confiança" pode ter mais valor que possível acumulação de capital e mais poder de redundar em uma inovação.

É também relevante perceber que a inovação pela via tecnológica altera a relação entre emprego e trabalho, salário e renda. A reestruturação da produção decorre de dois aspectos da inovação:

- Inovação tecnológica - diversos instrumentos das TICs, sobretudo redes.
- Inovação na gestão – gerência de cadeias globais de fornecimento, terceirização, ilhas de produção, trabalho em equipe, condomínio industrial, uberização etc.

O processo de Inovação, desde as observações dos ambientes envolvidos até a entrega de um novo ou modificado processo ou produto, passa por complexidades que exigem gestão especializada e atenta envolvendo várias competências.

A Figura 3 esquematiza algumas destas funcionalidades que articulam a gestão da inovação.

As organizações precisam estar vigilantes a respeito de várias dimensões envolvendo agentes diversos, conhecimento, cultura, novas necessidades, criadas ou a serem criadas.

Precisam manter atenta vigilância ao estado da arte da tecnologia. A velocidade das transformações tecnológicas, junto ao processo de globalização, afeta hoje qualquer organização. Apenas mediante um processo sistemático que administre a informação pertinente no momento oportuno, isto é, na tomada de decisões, é possível antecipar, tanto as ameaças, como as oportunidades derivadas das mudanças produzidas.

As funções básicas de um sistema de vigilância implicam em analisar e observar o que se passa no mercado. Seu foco é detectar as informações a tempo de participar do atendimento às novas e emergentes demandas com os processos e as tecnologias adequadas. Isto implica estudo permanente e acompanhamento atento aos movimentos dos ambientes de produção e de consumo. Mas, também implica atenção com processos legislativos em andamento, acordos internacionais em negociação etc.

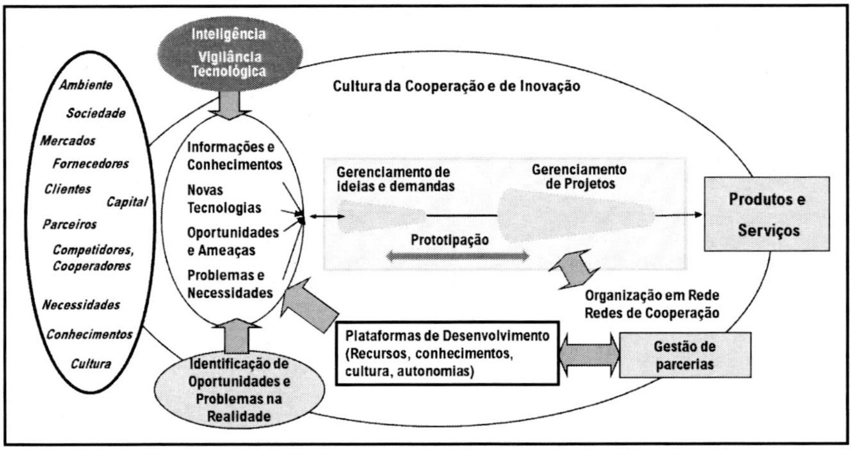

Figura 3 – Gestão da Inovação

Muitos aspectos e dimensões podem afetar a organização e suas relações com o mercado, com o fracasso e com o sucesso.

- Antecipar Mudanças, estar atento a novas tecnologias que estão surgindo no mercado, mesmo que não seja de indústrias de mesmo tipo;
- Reduzir riscos, detectar ameaças. Atenção a barreiras alfandegárias quando estão interagindo nos mercados exteriores;
- Detectar ideias novas e novas soluções;

- Desenvolver produtos já existentes, mas com tecnologia mais simples, com menores preços;
- Redirecionar investimentos quando perceber que um concorrente está num nível mais avançado;
- Cooperar, cogitar novos sócios identificando os mais adequados em projetos conjuntos de pesquisa e desenvolvimento.

Proteção da Propriedade Intelectual

Proteção da propriedade intelectual amplia benefícios sociais da pesquisa.

Quando se fragmenta o conhecimento, ele diminui, quando se compartilha, ele aumenta. Qualquer descoberta nova é resultado de acúmulo de conhecimento.

Nos últimos 100 anos, o conhecimento vem sendo tratado como propriedade. Na verdade lidamos com controle e dominação, de monopólio. O patenteamento é uma forma sofisticada de colonização.

Mas a importância da Propriedade Intelectual na Universidade considera a Patente como forma de disseminação tecnológica pela transferência dos resultados da pesquisa acadêmica e da apropriação da propriedade intelectual com os direitos de titularidade resguardados na transferência de seus resultados, seja com cunho estritamente social, seja como alternativa de captação de recursos.

É mandatória preocupação de proteger o conhecimento e de criar regras para o relacionamento com parceiros públicos e privados.

A proteção da propriedade intelectual tem papel estratégico na difusão do conhecimento.

O impacto social das políticas de propriedade intelectual se contrapõe a argumentos de alguns setores da academia para os quais a política de patenteamento é incompatível com o caráter público do conhecimento produzido nas universidades e institutos de pesquisa.

A publicação sem proteção, visando aumentar os benefícios sociais, propiciará o uso, e eventualmente até mesmo sua apropriação, pelas parcelas mais organizadas da sociedade, geralmente agentes do mercado competitivo.

É na prática impossível que seus benefícios sejam socializados e alcancem as camadas mais carentes da sociedade. É função do agente público desenvolver ciência e tecnologia e, sobretudo, protegê-la, criar e ampliar negócios para gerar riquezas sociais.

A questão que deve ser mantida em perspectiva é a da apropriação do valor gerado pelo conhecimento e não apenas a apropriação do conhecimento.

As patentes têm papel relevante para a universidade pública:

- Mecanismo para proteção e exploração econômica de tecnologia
- Instrumento para evitar a apropriação privada do conhecimento sem ônus
- Fomento à atividade inventiva na universidade
- Mecanismo para transferência de tecnologia universidade-empresa
- Fonte complementar de recursos para continuidade de pesquisas e investimento em C&T da organização concedente

Uma Nova Missão para Educação do Terceiro Grau

É necessária a formulação de uma nova missão para a educação de terceiro grau que privilegie o apoio ao estudante nas estratégias de desenvolvimento do conhecimento para aplicação efetiva, e apoiar aprendizado continuado para melhoria das competências individuais – conhecimentos, habilidades, atitudes. Para promover esta transformação propõe-se para a educação de terceiro grau, dentre outros:

- Empregar instrumentos de Tecnologia da Informação e da Comunicação para apoiar inovação contínua e oportuna;
- Entender e ensinar as diferenças entre conceitos relacionados com inovação, tais como, modificação, atualização, criatividade, invenção, imitação, substituição;
- Ensinar e modelar as características de sistemas complexos adaptativos
- Ensinar e modelar formas de criar situações alternativas de decisão, cenários e cultura;
- Criar currículos flexíveis, adaptáveis às pessoas e organizações proativas;
- Empregar seminários e laboratórios no lugar de salas de aula;
- Influenciar a diversidade em rede de estudantes e instrutores em todos os seminários;
- Criar sistemas de apoio em rede na Universidade, redes pessoais, redes sem fio etc.

Algumas mudanças tecnológicas tendem a estar presentes:

- Redes digitais com ou sem fios, colocarão a maioria dos sistemas de educação em direta ou indireta competição, mas também possibilitarão cooperação;
- Redes sem fios de alta velocidade e desempenho permitirão educação em larga escala e com qualidade;
- "Agentes Inteligentes" nos ambientes das redes digitais permitirão contratos para aprendizagem individualizada, para todo tipo e nível de estudante, incluindo aqueles de tempo parcial, estudantes em contextos de trabalho ou doméstico ou mesmo aposentados e terceira idade.

Campi físicos terão seus papéis reavaliados nos novos contextos proporcionados por educação digitalizada. Algumas tendências de mudanças estão associadas:

- As distinções sociais e pessoais entre viver, aprender e trabalhar continuarão diminuindo;

- O "local" emergente para a aprendizagem mais significativa será, crescentemente, o local de trabalho, de atuação e de interesse da cada pessoa;
- Muito aprendizado será específico de situações e visará a melhorar resultados práticos em cada aplicação de serviço de aprendizagem;
- Os estudantes apresentarão suas experiências para serviços de educação como parte de um processo de produtor-consumidor e, com isso, potencialmente, compensar parte das suas próprias despesas com aprendizagem;
- O propósito da educação terá alterado de aprendizagem "baseada em conhecimento" para "baseada em inovação contínua", sustentada por software, que substitui o trabalho humano repetitivo.

Dinâmica da Inovação

Tradicionalmente a Universidade é o lugar para criação, formalização e transmissão de conhecimento, através da pesquisa, ensino e extensão. Produzir conhecimento requer uma abordagem transdisciplinar na medida em que o conhecimento é produzido no contexto da aplicação.

Transdisciplinaridade é demandada pela pretensão de distribuição social do conhecimento produzido de forma colaborativa, sustentado por fontes que estão ligadas interativamente através de redes.

Como construir e manter uma Universidade participante de uma sociedade que aprende, de forma continuada, através da descoberta, aprendizado com a realidade e, sobretudo, uma universidade engajada nos ambientes políticos econômicos e sociais em que se insere?

Praticantes são aderentes às normas do método científico, mas usam diferentes estratégias cognitivas e sociais. Conhecimento existente é usado, mas as estruturas são criativas, envolventes e não são reduzidas a lógicas estritas de disciplinas acadêmicas.

Os grupos de pesquisa são movidos por diversas perspectivas e se preocupam tanto com hipóteses de trabalho, formuladas no método científico, como com as aplicações dos conhecimentos na realidade de inserção. Os grupos de pesquisa são temporários e são reestruturados quando os problemas são resolvidos ou redefinidos - mas a comunicação persiste através da tecnologia.

Resultados são difundidos imediatamente através da rede de participantes; produção, difusão e aplicação do conhecimento estão juntas e são concomitantes. Disseminações subsequentes ocorrem entre os participantes na medida em que eles participam de sucessivos contextos de problemas.

Conhecimento é resultado de entidades e agentes, frequentemente situados em locais diferentes e motivados para encontrar novas soluções para específicos problemas, necessidades e circunstâncias.

Habilitado pela tecnologia o conhecimento se move rapidamente através da rede de agentes e entidades participantes cruzando fronteiras institucionais e organizacionais.

Como preparar pessoas para sociedades altamente intelectualizadas, dirigidas por conhecimento, com forte ênfase em inovação e globalizada?

Quais as implicações de alguns países alcançarem níveis de desempenho pessoais e sociais importantes, mais elevados e mais rápido que outros?

Quais as implicações quando alguns países perdem pessoas e negócios porque suas economias não estão preparadas para sistemas econômicos dirigidos por pessoas criativas, colaboradoras, educadas e inovadoras?

Quais serviços de educação da academia serão mais adequados para preparar os jovens para um contexto emergente de individualismo criativo?

Da Gestão do Conhecimento para Gestão da Inovação

Bem-vindo à Universidade do futuro:
É focada na pessoa criativa, inovadora e o campus é criativo, inovador.

- Oferece recursos vastos para indústria, negócio e setor social;
- É um modelo de alta tecnologia embarcada dirigida por software social e para as necessidades, desejos, visões e talentos de pessoas;
- É um modelo de criação de concertação-em-tempo-real;
- Há oportunidade para todos?
- Há um mundo de oportunidade para todos: universidade, pessoas, negócios, indústria e países.

Ainda assim, o aproveitamento das oportunidades pode não resultar distribuído igualmente.

À Guisa de Conclusão

Toda possibilidade de evolução está centrada na pessoa, na sua iniciativa, na sua capacidade de aprender e de se engajar em inovação, em projetos de profundas mudanças que caracterizam este momento.

Tudo está em evolução concomitante:

- A visão de futuro;
- As estratégias;
- As formas de organização empresarial;
- As diretrizes e sistemáticas adotadas;
- Os sistemas em uso;
- As plataformas tecnológicas e suas utilizações;
- As normas e procedimentos;

- As práticas e os aspectos culturais.

As organizações e a sociedade evoluem com a transformação provocada pelas pessoas; não há outro caminho.

A pessoa não é um recurso subordinado, é uma função de agregação. No processo de inovação é menos comandada e mais sustentada no seu desejo e esforço no seu sentido do desenvolvimento.

Uma empresa é uma articulação entre inovação colaborativa, tecnologia enredada e modelos emergentes de negócio, com processos terceirizados, dirigida a clientes (serviços) e com produção entre pares, horizontal, cooperativa.

Tudo precisa ser reexaminado e atualizado à luz das emergências e na busca das melhores inserções nos ambientes políticos, econômicos e sociais.

As pessoas precisam ser incentivadas no sentido da iniciativa, engajamento, atitude sinérgica, ousadia, visualização do sucesso.

Inovação não é processo à parte, é parte do processo – incremental. É global comprometida com padrões abertos num esforço para diminuir barreiras geográficas para acesso à tecnologia.

Inovação é multidisciplinar, envolve complexidades porque exige mix de talentos.

O espaço do significado não é pacífico, vive imerso em discórdias, contradições, antagonismos. Podemos mesmo cogitar que o que nos faz progredir não são nossas certezas e tudo que afirmamos, mas sim, a abertura da visão, na tolerância e na reflexão, no cultivo permanente da dúvida e na busca de seu esclarecimento, no permanente questionamento.

Entre a certeza e a dúvida reside um universo insondável, mas é aí que as perguntas e as respostas convivem no mesmo espaço, tempo, consciência.

Referências Bibliográficas e Obras Consultadas

CAPRA, Fritjof; O Ponto de Mutação Cultrix, Rio de Janeiro, 2004.

CASANOVA, Pablo González; As novas ciências e as humanidades da academia à política, Editora BomTempo, São Paulo, 2006.

CASTEL, Robert; As metamorfoses da questão social, 5ª Edição, Editora Vozes, Petrópolis, 2005.

CHOPRA, Deepak; MLODINOW Leonard; Ciência x Espiritualidade, Dois pensadores, duas visões de mundo, Tradução: Claudio Carina, Editora Zahar, Rio de Janeiro, 2011.

DAMÁSIO, António R. E o Cérebro criou o Homem; Tradução: Laura Teixeira Motta; Editora Companhia das Letras; São Paulo, 2011.

DAMÁSIO, António R., O Erro de Descartes. Emoção, Razão e Cérebro Humano, 12ª edição, Lisboa, Publicações Europa-América, 1995.

DIVERSOS AUTORES, Tecnologia Social - uma estratégia para o desenvolvimento, Antonio E. Lassance Jr, Claiton José Mello, Eduardo José Siqueira Barbosa, Fabiana Alves Jardim, Flávio Cruvinel Brandão, Henrique Tahan Novaes, Jacqueline Rutkowski, Jacques de Oliveira Pena, Juçara Santiago Pedreira, Ladislau Dowbor, Martina Rillo Otero, Paul Singer, Renato Dagnino, Sidney Lianza, Silvio CaccioBava, Sonia Maria Portella Kruppa, Editora Fundação Banco do Brasil, Rio de Janeiro,2004.

KUHN, Thomas Samuel; A Estrutura das Revoluções Científicas. Perspectiva, São Paulo, 1975.

MANOVICH, Lev. Software takes control. Disponível na Internet em http:// softwarestudies.com/ softbook/ manovich_softbook_11_20_2008.pdf, acesso realizado em 30/11/2009.

MLODINOW, Leonard; CHOPRA, Deepak; Ciência x Espiritualidade. Dois pensadores, duas visões do mundo. Sextante, Rio de Janeiro, 2011.

MLODINOW, Leonard; Subliminar Como o inconsciente influencia nossas vidas. Editora Zahar, Rio de Janeiro, 2012.

MURPHY, Stephen. Media Technologies, Cognition And Consciousness-Expansion. 2012. Extraído de http://assembleit.net/wp-content/uploads/2016/09/ Media-Technologies-Cognition-and-Consciousness-Expansion.pdf, em Abril de 2017.

NICOLELIS, Miguel; Muito além do nosso eu, Editora Companhia das Letras, São Paulo, 2011.

NICOLESCU, Basarab, O manifesto da transdisciplinaridade, TRIOM, São Paulo, 1999.

NICOLESCU, Basarab. Conferência no Congresso International "A Responsabilidade da Universidade para com a Sociedade", International Association of Universities, Chulalongkorn University, Bangkok, Thailand, de 12 a 14 de novembro de 1997.

NONAKA, Ikujiro, TAKEUCHI, Hirotaka, The knowledge-creating company: how japanese companies create the dynamics of innovation, Oxford University Press, New York, 1995.

RANDOM, Michel, O Pensamento Transdisciplinar e o Real, entrevistas com: Michel Camus, Olivier Costa de Beauregard, Nicola Dallaporta, Jaqueline Kelen, Gilbert Durand, Roberto Juarroz, Lima de Freitas, Edgar Morin, BasarabNicolescu, Philippe Quéau, Editora Trion, São Paulo, 2000.

RITTO, Antonio Carlos de Azevedo. Organizações caórdicas – modelagem de organizações inovadoras. Editora Ciência Moderna, Rio de Janeiro, 2004.

RITTO, Antonio Carlos de Azevedo, Organizações em Rede - ordem e caos na estruturação do trabalho. Monografia apresentada como exigência curricular para obtenção do Diploma do Curso de Altos Estudos de Política e Estratégia, Edição ESG, Rio de Janeiro, 2004.

RITTO, Antonio Carlos de Azevedo. Consciência, Ciência e Espiritualidade, Capítulo do Livro Estudos da Consciência – A Consciência segundo diferentes linhas de pensamento, Editora Ciência Moderna, Rio de Janeiro, 2017.

RITTO, Antonio Carlos de Azevedo. Metodologia para produção de conhecimento socialmente robusto, Editora Ciência Moderna, Rio de Janeiro, 2010.

RITTO, Antonio Carlos de Azevedo. CARVALHO, Marinilza Bruno. Empreendedorismo e tecnologias inovadoras, Editora Ciência Moderna, Rio de Janeiro, 2018.

RITTO, Antonio Carlos de Azevedo. Inovações Tecnológicas e Expansão da Consciência, no Livro Tecnologias Inovadoras e Expansão da Consciência, Editora Ciência Moderna, Rio de Janeiro, 2018.

RITTO, Antonio Carlos de Azevedo. Avaliação Transdisciplinar – Gestão e acompanhamento de intervenções, no Livro Governança: Estratégias de inovação na gestão, organização de RITTO, Antonio Carlos de Azevedo e CARVALHO, Marinilza Bruno. Editora Ciência Moderna, Rio de Janeiro, 2018.

RITTO, Antonio Carlos de Azevedo. Consciência, Ciência e Espiritualidade, Capítulo do Livro Estudos da Consciência – Compliance e Ética – Uma nova consciência em tempos de trabalhos em rede, Editora Ciência Moderna, Rio de Janeiro, 2019.

TOURAINE, Alan; Um Novo Paradigma – para compreender o mundo de hoje, Tradução de Gentil Avelino Titton, Editora Vozes, Petrópolis, 2006.

Capítulo 2

Mapeamento da Inovação na UERJ Prospecção da Propriedade Intelectual na UERJ Fase Primeira da Gestão da Inovação - Biênio 2020-2021

Profª Dra. Marinilza Bruno de Carvalho

1. Introdução

Apesar da Pandemia deste século e neste Biênio de 2020/2021, as manchetes jornalísticas apresentam um cenário mundial muitíssimo controverso, mesclando boas e más notícias. Não seria novidade se, ao observarmos as datas de hoje com algumas datas de 50 ou 70 anos atrás, viermos constatar as mesmas notícias, no tocante a **educação, ao desemprego e falta de mão de obra qualificada**. Salvaguardadas as dimensões da Pandemia, há que se considerar que, problemas na educação, no desemprego e com a falta de mão de obra qualificada, são nossos conhecidos.

O mundo contemporâneo mudou, mas alguns problemas continuam e parecem nos desafiar exigindo mudanças de estratégia e atitudes. Nosso trabalho no InovUERJ, teve seu início em 2012 e em meio a Pandemia com tamanha exigência de inovação, pode-se comprovar o resultado advindo de tal projeto.

Especificamente a questão da formação profissional, bem como na geração de pesquisa com solução inovadora que atuem na Sociedade para a melhoria da Qualidade de vida do cidadão.

O apoio às Empresas Juniores, Incubadores e Laboratórios de Técnicas Inovadoras foi através de cursos, portfólio de serviços e ações de Divulgação, Parcerias e aceleração de Projetos e resultados.

A partir de 2013 nasceu o programa Qualitec que trouxe uma proposta inovadora na Universidade do Estado do Rio de Janeiro com adoção de medidas que pudessem contribuir com o aprimoramento e o aperfeiçoamento para o nível superior, nas UDTs – Unidades de Desenvolvimento Tecnológico, também criada neste mesmo ano e atualizada pelo AEDA nº 22/REITORIA/2016 onde se incluem as incubadoras e os laboratórios de alta complexidade da UERJ. Os Laboratórios de Alta Complexidade são aqueles laboratórios que dispõem de equipamentos, maquinários, insumos com suporte técnico de alto nível de excelência que demandam profissionais com capacitação específica para sua gestão e operação.

O Qualitec veio para dar apoio na formação dos desenvolvedores dos laboratórios e Incubadoras, na impressão de melhor e mais qualificada profissionalização.

A parceria com o Governo do Estado do Rio de Janeiro, e a Sociedade, através das Incubadoras e suas Empresas, compõem as ações propostas na Hélice Tríplice com a integração da Sociedade, Academia e Governo.

Conceituamos UDT – Unidade de Desenvolvimento Tecnológico – como um espaço físico nas Unidades da UERJ (administrativa ou acadêmica), com equipe de desenvolvimento para projetos, com fluxo de processos definidos, horário de serviço, atendimento, podendo ser interno ou externo, equipamentos específicos (manuais e técnicos operacionais).

Neste espaço, da UDT – Unidade de Desenvolvimento Tecnológico, foi propositadamente pensado para ser o gerador de Inovação e de Empreendedores na Universidade. Um espaço de colaboração, pesquisa e desenvolvimento Inovador como solução de problemas da Sociedade, propostos pela Academia.

A UDT deve estar comprometida com o desenvolvimento de Projetos de P&D&I formalizados, cujos objetivos e metodologias adotadas incluem o uso e desenvolvimento de tecnologia, que deve ser apresentada junto às metodologias de trabalho.

A Tecnologia é a formatação de uma técnica, apoiada ou não por equipamento.

Neste sentido tanto a formalização da UDT na UERJ como o Projeto de Bolsa Qualitec visam promover formação especializada e soluções inovadoras com a geração de produtos, processo e/ou serviço para a Sociedade. As parcerias, acordos e contratos comprovam os resultados alcançados pelo projeto e imprimem um novo circuito de ação na busca de melhores e eficazes soluções.

2. Histórico e Desenvolvimento do Projeto da UDT e Qualitec

Desde sua criação em 2013, segundo o Plano Estratégico desenhado pelo projeto, foram realizados 3 Programas de cadastramento de UDT- Unidades de Desenvolvimento Tecnológico, que conta com um ciclo de seleção e aprovação, desde sua inscrição e apresentação no sistema próprio da PR2 – Pró-Reitoria de Pós-Graduação, Pesquisa e Inovação até a posterior validação pela direção da Unidade a que pertence.

No projeto Qualitec foram realizados 6 (seis) editais, com as fases de inscrição de projeto pela UDT cadastrada, seleção, indicação de bolsista e assinaturas de termo de compromisso. Isto é, somente as UDTs que se cadastraram previamente e foram aprovadas por suas respectivas Unidades, são elegíveis para inscrição e avaliação de seus projetos de PDI.

O Processo, iniciado com esta inscrição em período estipulado no Edital, segue com a seleção dos projetos, segundo critérios, também divulgados no Edital por banca Externa. O Número de cotas de bolsas é determinado segundo dotação orçamentária da UERJ. Após a classificação dos projetos pela Banca Examinadora, divulgados o número de cotas, as indicações dos bolsistas Qualitec são recebidas e são preparados os termos de compromisso, com todo o processo gerido pelo Departamento de Inovação da UERJ- INOVUERJ.

Nestes cinco Editais, 2013, 2014, 2017, 2018, 2019 e 2021, foram aprovadas 120 bolsas até 2017. Com a dificuldade em 2016 e 2017, foram aprovadas apenas 90 bolsas e no Edital de 2019, executado em 2020, houve a aprovação de mais 15. Somando um total atual de 105 bolsas.

O projeto Qualitec através do sistema da PR2 tem os relatórios semestrais de suas atividades. Os produtos, processos e serviços são divulgados através do site www.inovuerj.sr2.uerj.br e todo processo de registro de ativos é realizado pelo EPI - Escritório de Propriedade Intelectual do Inovuerj.

3. Gestão da Inovação e a Política de Inovação da UERJ

Já em 2013, com nove anos da Lei de Inovação e a UERJ com Registros de Patentes, Marcas e Programas de computadores, o Inovuerj definiu uma política de inovação para a UERJ apresentada à sociedade Acadêmica através do Livro Modelo e Estratégia de inovação: Guia de Referência para Inovação na UERJ- ISBN; 978-85-8225-024-2. Pod Editora. 202 Pgs.

A prática da Gestão da Inovação de forma bem resumida se cumpre em 4 Fases, a saber;

Fase 1: Prospecção da Inovação na Instituição;
Fase 2: Identificação de autores, titularidades e cotitularidades;
Fase 3: Documentação e registros de propriedade e;
Fase 4: Acordos de Licenciamento e Transferência de tecnologia.

Para a fase de Prospecção foi criada e utilizada a Metodologia ProspectI – publicada em 2018, Capítulo 3 – Ativos Intelectuais; Uma Metodologia de Prospecção da Inovação – ProspectI, do Livro Governança: Estratégias de Inovação na Gestão - ISBN: 978-85-85085-001- CDD:0101. RJ, IBEC, 2018.

Esta metodologia utiliza o modelo RAI - Rodada de Ativos Intelectuais, com reuniões, entrevistas e visitas aos laboratórios, equipe especializada, acordos de sigilo para conhecimento das inovações e suas salvaguardas.

Nos anos anteriores, a Metodologia ProspectI e sua Rodada de Ativos Intelectuais, apresentaram excelentes resultados e registro no INPI em mais de 10% dos resultados prospectados.

Em 2020/21 diante da Pandemia, tornou-se impossível tal ação e a prospecção da inovação não poderia ficar sem conhecimento, principalmente porque a maior parte das atividades, ainda mais na Saúde, continuou a se realizar, ainda que em ambiente remoto.

Neste sentido foi criado o Projeto MapTecI.

4. Projeto MapTecI. O que é?

O Departamento de Inovação - InovUerj, criado pelo Ato Executivo 050/REITORIA/2012, vinculado diretamente à PR2 – Pró-reitoria de Pós-graduação e Pesquisa, foi idealizado para criar e manter uma linha de comunicação direta, clara e produtiva entre as potencialidades acadêmicas e as necessidades da sociedade, bem como disseminar a cultura da Propriedade Intelectual e a prática das ações inovadoras de processos, produtos e serviços nos segmentos, nacional e internacional, de governo e sociedade.

Com vistas a Conhecer a Inovação da UERJ, neste Biênio 2020-2021, incluindo o Cenário da Pandemia, e suas possíveis consequências nas atividades de Pesquisa e Inovação, foi realizado o Projeto MapTecI – Projeto de Mapeamento da Tecnologia e Inovação da UERJ, Fase de Prospecção para Registros de Ativos Intelectuais da UERJ.

O InovUerj tem a Missão de Articular e promover a Inovação Tecnológica e Social entre os setores da Academia e a Sociedade, e como Visão: Ser o agente de transformação da Sociedade através da INOVAÇÃO.

Neste sentido o objetivo do Projeto MapTecI é construir o Mapeamento da Inovação na UERJ, de 2020/2021, identificando os Produtos, Processos e Serviços desenvolvidos e em desenvolvimento pelas Unidades Acadêmicas e Administrativas da Uerj, abrangendo todas as Dimensões, quer sejam os Laboratórios de PDI e as UDTs - Desenvolvimento Tecnológico (Laboratórios e Incubadoras) da UERJ.

5. Pesquisa de Avaliação para o Mapeamento da Inovação da UERJ

A Universidade possui Laboratórios de Ensino, de Pesquisa, Desenvolvimento e Inovação. Na prática, os laboratórios da UERJ se dividem em três categorias: os laboratórios de Ensino e Pesquisa - LEP (laboratório de física, de Matemática, etc.), os Laboratórios de Pesquisa e Desenvolvimento com Inovação - PDI e as UDT- que são laboratórios de alta complexidade e/ou Incubadoras.

Na Dimensão 1, foi pesquisada a **categoria dos Laboratórios de PDI – Pesquisa, Desenvolvimento e Inovação,** com o objetivo de Mapear e identificar o Nível de aproveitamento e resultados, nestes Laboratórios da UERJ.

Na Dimensão 2, foi pesquisada a categoria dos **Laboratórios das UDTs,** evidentemente com o mesmo objetivo, mas com uma visão, muito mais severa e rigorosa, pois as UDTs têm por obrigação resultar em Inovação.

Objetivo: Mapear e identificar o Nível de aproveitamento.

A estratégia geral foi a Coleta de Dados através de Questionário fechado e semiaberto, considerando o Cenário da Pandemia com Ambiente Remoto.

Tipo de Questões: três abertas e duas fechadas. Questionários em Anexo.
O Período de Coleta foi Junho/2020-Abril/2021 e o
Veículo foi o E-mail institucional.

5.1 Dimensão 1- Laboratórios de PDI – Pesquisa, Desenvolvimento e Inovação.

5.2 Dimensão 2, foi pesquisada a categoria dos Laboratórios das UDTs
Escopo: Todas as UDTs.

6. Análise dos Resultados

Universo: 511 Laboratórios (fonte Data UERJ). Sendo 210 UDTs, e 301 Laboratórios, divididos entre Laboratórios de Pesquisa, Ensino – LEP em número de 229 e 72 **Laboratórios de Pesquisa, Desenvolvimento e Inovação** – Laboratórios de PDI.

A Dimensão 1 pesquisou os Laboratórios de PDI – Pesquisa, Desenvolvimento e Inovação com suas 72 respostas (todos responderam à pesquisa) que correspondem a 23,92% dos 301 laboratórios.
Aproveitamento:

- Das 72 respostas temos 17 serviços, que correspondem a 23,6% de serviço
- Das 72 respostas temos 40 produtos, que correspondem a 55,55% de produto

- Das 72 respostas temos 5 direitos autorais, que correspondem a 6,9% de BN
- Das 72 respostas temos 10 processos, que correspondem a 13,88% de processos.

Aproveitamento de 100%, do Conjunto dos 72 Laboratórios que fazem inovação – LPDI, sem estarem cadastrados como UDTs. Todos apresentaram um Produto, Processo ou serviço, com resultados concretos para a Sociedade.

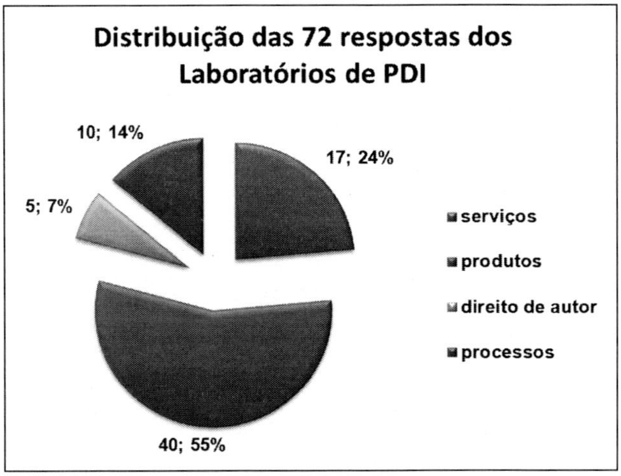

Figura 1 – distribuição dos resultados

A Dimensão 2 pesquisou a categoria dos Laboratórios das UDTs.
Universo: Questionários enviados para todas as 210 UDTs

Respostas: 93

1. Resultados 93: 25 serviços; 59 produtos; 7 processos e 2 direitos de autor na BN
2. Duas respondentes sem bolsistas, sendo um com Serviço e um com BN
3. Bolsistas 105
4. Respondentes com bolsa 91

Aproveitamento:

1. Em relação ao número de 210 UDTs, 44,2% responderam.
2. Em relação ao número de 105 UDTs com bolsas 86,6% responderam.
3. Dos respondentes 100% de aproveitamento - 93 respostas com 93 ativos sendo: 25 serviços; 59 produtos; 7 processos e 2 direitos de autor na BN

Os resultados concretos de 93 ativos, em relação:
A todas as 210 UDTs, representam o aproveitamento de 44,28%.
A todas as 93 respostas, representam o aproveitamento de 100%.
As 105 UDTs com bolsa representam o aproveitamento de 86,6%.

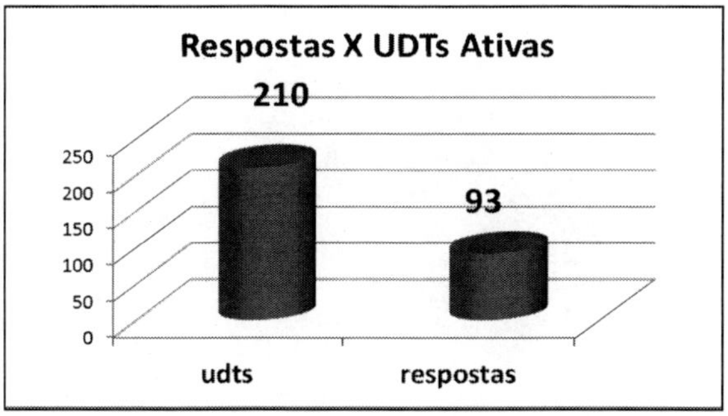

Figura 2 – Retorno de 44,28% das UDTs

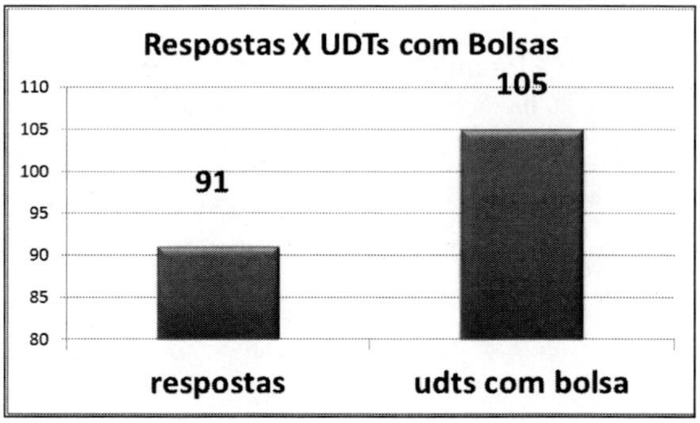

Figura 3 – Respostas das UDTs com bolsa

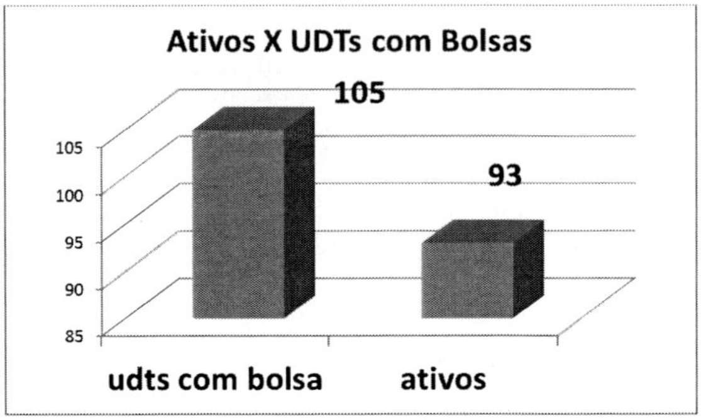

Figura 4 – Respostas de 88,57% das UDTs com bolsa

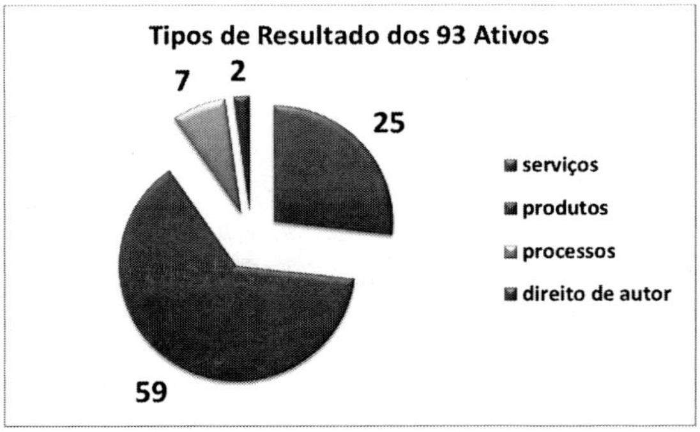

Figura 5 – Distribuição dos tipos de ativos das UDTs respondentes

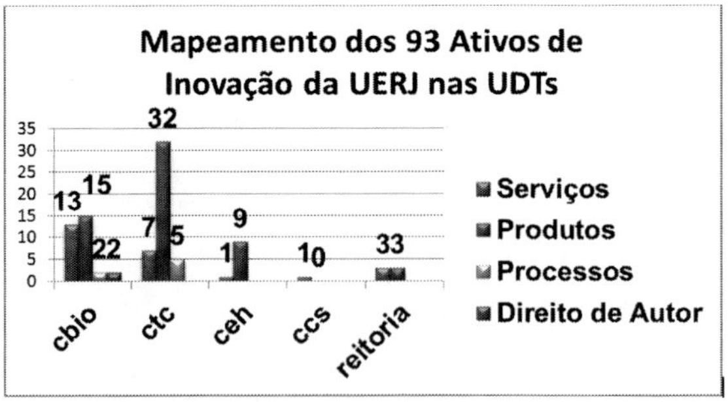

Figura 6 – Distribuição dos 93 ativos nos Centros Setoriais

7. Cenário e Universo da Pesquisa de Mapeamento

Resultado Geral da Pesquisa do Mapeamento da Inovação da UERJ no ano de 2020/21 com as duas Dimensões para Prospecção da Inovação na UERJ.

Dimensão 1- Laboratórios de Ensino, Pesquisa, Desenvolvimento e Inovação
Dimensão 2 - Unidades de Desenvolvimento Tecnológico – UDT

Dos 511 Laboratórios da UERJ, conforme a pesquisa na Dimensão 1, foram identificados 229 Laboratórios de Ensino e Pesquisa- LEP e 72 Laboratórios de Pesquisa Desenvolvimento e Inovação-LPDI, bem como as 210 UDTs pesquisadas na Dimensão 2.

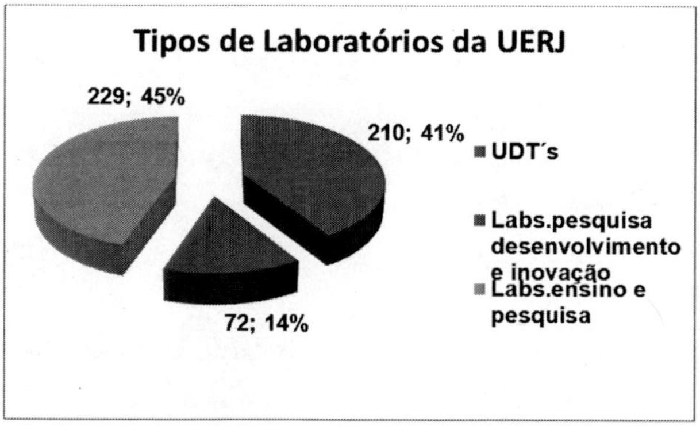

Figura 7 – Distribuição dos 511 Laboratórios da UERJ

Pode-se observar que, do total de Laboratórios da UERJ – 511, cerca de 282 laboratórios desenvolvem Inovação, com uma representatividade de prospecção de Inovação de 55% dos Laboratórios da UERJ, sendo 210 como as UDTs e mais 72 identificados como Laboratórios de Pesquisa Desenvolvimento e Inovação-LPDI.

Os demais Laboratórios, nesta pesquisa, foram identificados como Laboratórios de Ensino e Pesquisa - LEP em número de 229.

Mapeamento das Respostas e Identificação de Resultados

Unidades cujos Laboratórios de Pesquisa e Inovação responderam ao Mapeamento de Inovação em 2020/2021 na UERJ.

Centro de Tecnologia e Ciências - das DEZ Unidades do CTC, todas respondem com projeto de Inovação.

- Escola Superior de Desenho Industrial – ESDI;
- Faculdade de Engenharia – FEN;
- Faculdade de Geologia – FGEL;
- Faculdade de Oceanografia – FAOC;
- Faculdade de Tecnologia – FAT;
- Instituto de Física Armando Dias Tavares – IFADT;
- Instituto de Geografia – IGEOG;
- Instituto de Matemática e Estatística – IME;
- Instituto Politécnico – IPRJ;
- Instituto de Química – QUI.

Centro de Educação e Humanidades - das DEZ Unidades do CEH, Oito respondem com projeto de Inovação.

- Instituto de Aplicação Fernandes Rodrigues da Silveira (CAp-UERJ);
- Faculdade de Educação da Baixada Fluminense (FEBF);
- Faculdade de Formação de Professores (FFP);
- Faculdade de Educação;
- Instituto de Artes;
- Instituto de Letras;
- Instituto de Psicologia;
- Faculdade de Comunicação Social.

Centro de Ciências Sociais – das cinco Unidades do CCS apenas uma responde com projeto de Inovação.

- Faculdade de Serviço Social

Centro Biomédico – das oito Unidades do Cbio seis respondem com projetos de Inovação.

- Faculdades de Ciências Médicas;
- Faculdade de Odontologia;
- Institutos de Biologia Roberto Alcântara Gomes;
- Instituto de Medicina Social;
- Faculdade de Nutrição;
- Hospital Universitário Pedro Ernesto.

Reitoria – cinco unidades administrativas respondem com projetos de Inovação.

- Niesc
- Dinfo
- PR1
- PR2 - CEADS
- PR3

Quem e Quantos

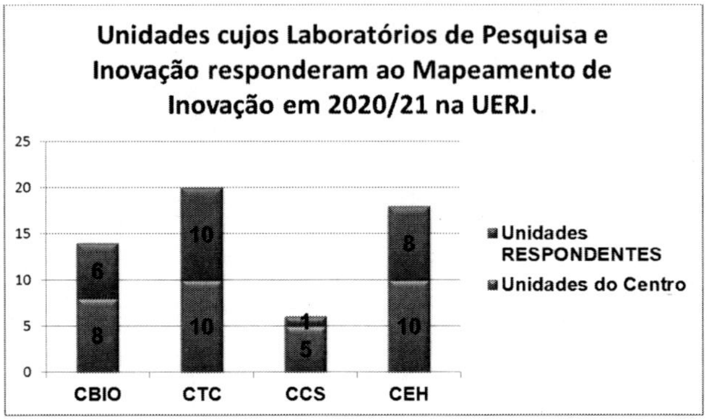

Figura 8 – Respostas nos Centro Setoriais

Pode-se observar que praticamente 80% a 100% das Unidades Acadêmicas dos Centros Setoriais participaram da Pesquisa. Apenas um Centro teve menor participação.

E na Reitoria, dentre todas as Unidades Administrativas, cinco responderam com Projetos de Inovação.

Identificação do Total de Respostas

Na Dimensão 1, do total de 301 Laboratórios, **72 laboratórios de inovação** foram identificados, correspondendo a 23,92%.

Na Dimensão 2, do total de 210 UDTs, responderam **93 UDTs,** 44,28% das UDTs.

Universo de Inovação na UERJ corresponde às 210 UDTs mais 72 LPDI, somando 282 Laboratórios de Inovação.

Mapa de Inovação da UERJ

Os 282 Laboratórios, que fazem Inovação na UERJ, correspondem a 55% no Universo total de 511 Laboratórios da UERJ.

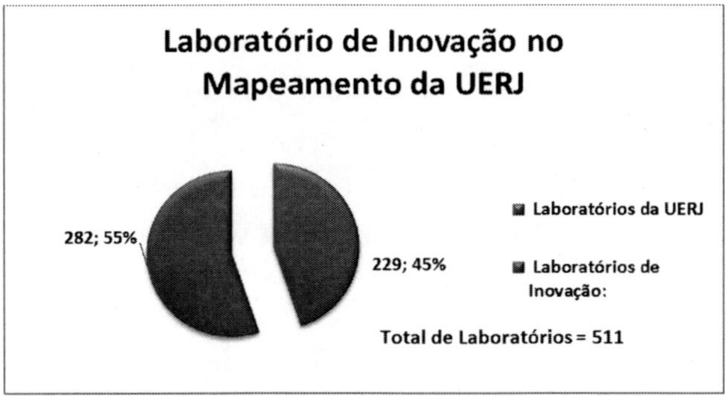

Figura 9 – Mapa dos Laboratórios de Inovação da UERJ

Cenário de Aproveitamento nos Laboratórios de Inovação da UERJ

Os resultados trazem **produtos, processos, serviços e direito de autor** nas UDTs mais os Laboratórios de Pesquisa e Inovação - LPDI que ainda não são cadastrados como UDTs. Dentre os 282 que fazem Inovação na UERJ responderam à pesquisa de Mapeamento **165 Laboratórios**, apresentando seus resultados.

Figura 10 – Laboratórios que Responderam

Aproveitamento no Desenvolvimento da Inovação nos 165 respondentes.

Universo de Inovação Pesquisado: 210 UDTs mais os 72 Laboratórios de Pesquisa e Inovação – LPDI, total de 282 laboratórios.
Total de Ativos em 2020/21: 165 ativos Intelectuais, com Titularidade UERJ.

99 produtos; 17 processos; 7 direito de autor; 42 serviços.

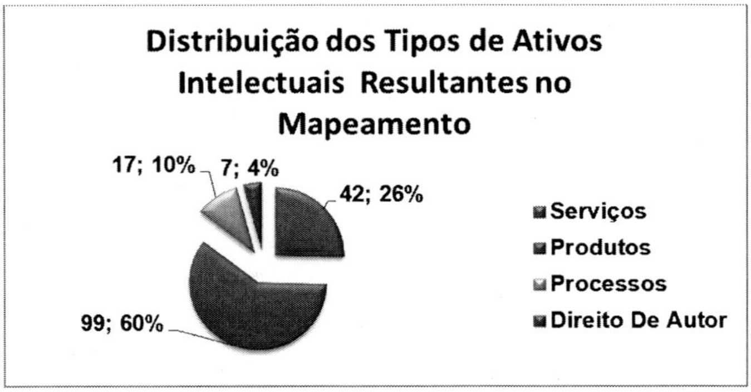

Figura 11 – Inovação por Tipo

Distribuição das Inovações por Centro Setorial

Centros	Serviços	Produtos	Processos	Direito De Autor	TOTAL
Cbio	15	25	3	2	
Ctc	11	**49**	**11**	2	
Ceh	**11**	**15**	3	2	
Ccs	2	7		1	
Reitoria	3	3			
Total	42	99	17	7	165

Tabela 1 – Inovação por Centro e por Tipo

Resultado do Mapeamento de Inovação na UERJ em 2020/21

Total de 165 resultados inovadores, com 165 respondentes do Projeto de Pesquisa e Mapeamento da Inovação na UERJ, o que demonstra **100% de Aproveitamento em Inovação**.

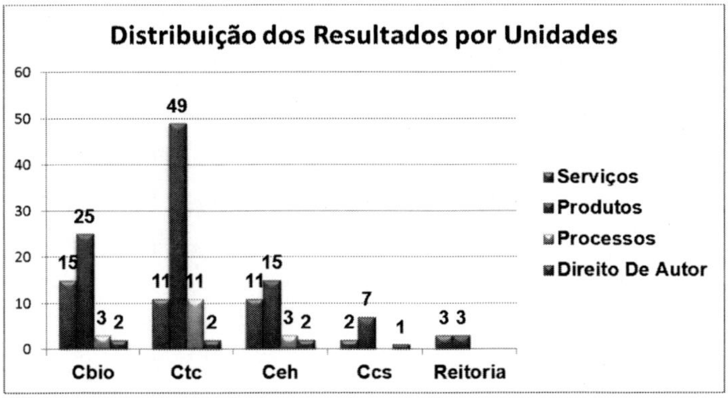

Figura 12 – Inovação por Unidade

9. Resultado das Inovações Registrado no INPI

Vale ressaltar que a Prospecção da Produção da Inovação como Ativos intelectuais é a Fase Primeira de Propriedade Intelectual de uma Instituição, no processo de gestão da Inovação.

Daí tem-se uma desafiadora tarefa de, ao prospectar, seguir a fase de identificação de autores e titularidade, documentação de parcerias, registro no INPI ou Biblioteca Nacional e depois os acordos de licenciamento.

Claramente os serviços já se encontram em processo de divulgação e acordos para *serviços de consultoria*, não são registráveis, mas são uma inovação e muitos de ponta como o serviço de análise de sangue, um novo procedimento. Temos dois projetos em procedimento jurídico, um da química outro da saúde. Os produtos exigem avaliação se serão patentes, programas de computados, ou circuitos, etc. E os direitos de autor, depois de identificados autores e acordos de parcerias, serão registrados na biblioteca Nacional. Apenas um terço destas inovações já conseguiu seguir todo o protocolo e fazer o registro no INPI ao longo de 2020/2021. São os números.

<table>
<tr><td></td><td>BIÊNIO</td><td>2020</td><td>2021</td></tr>
<tr><td>UERJ apresenta</td><td>511 Laboratórios</td><td></td><td></td></tr>
<tr><td>Laboratórios de Ensino e Pesquisa - LEP</td><td>229 = 45% do total</td><td></td><td></td></tr>
<tr><td>Laboratórios de Pesquisa, Desenvolvimento e Inovação – LPDI = 72</td><td rowspan="2">282 Laboratórios de inovação = 55% do total</td><td rowspan="2" colspan="2">165 inovações</td></tr>
<tr><td>Unidade de Desenvolvimento Tecnológico – UDTs = 210</td></tr>
<tr><td>TOTAL DE ATIVOS Registrados</td><td>54</td><td>15</td><td>39</td></tr>
<tr><td>PATENTES</td><td>21</td><td>9</td><td>12</td></tr>
<tr><td>MARCAS</td><td>6</td><td>3</td><td>3</td></tr>
<tr><td>PROGRAMA DE COMPUTADOR</td><td>27</td><td>3</td><td>24</td></tr>
</table>

Tabela 2 – A UERJ em Números

O Resultado do desenvolvimento da PESQUISA E INOVAÇÃO na UERJ no Biênio da Pandemia superou todas as expectativas.

Vale ressaltar ainda, o Edital INOVA2020 de prospecção para pesquisas sobre o Covid19 com 4 resultados dentre eles, a geração de uma patente, CoronaTRACK.

10. Conclusão

O trabalho de prospecção da Inovação da UERJ neste período único, especial e completamente transformador trouxe minimamente três resultados, para reflexão, além, é claro dos números de ativos com possibilidade de registros formais no INPI e biblioteca Nacional. Atualmente, o biênio trouxe até agora o número de apenas 54 pedidos de privilégio no INPI durante este período de Pandemia.

Com este trabalho pode-se esperar no mínimo o dobro de solicitações a serem realizadas nos próximos meses, já em ambiente mais seguro e em alguns casos até presencial.

Os resultados para reflexão como conclusão são: 1 – a validade e importância do projeto Qualitec no apoio aos Laboratórios de Inovação, cadastrados como UDTs. 2 – o avanço da cultura de Propriedade e Intelectual com autoria dos pesquisadores e titularidade da UERJ e 3 - a nova visão desafiadora da busca de soluções inovadoras para os problemas da Sociedade.

Vale ressaltar também, que neste mesmo cenário, três casos de Sucesso resultaram deste projeto: um com licenciamento de ativo para o Governo do Estado (professor pesquisador), outro para a própria UERJ (projeto final de aluno com orientação UERJ), no Hupe (Hospital Pedro Ernesto) e outro resultado de Incubadora com capilaridade Internacional.

O Projeto **Mapeamento da Inovação na UERJ** como a Prospecção da Inovação traz a comprovação e validação do empenho e mérito da Política de Inovação impressa na Universidade.

Deste modo a inovação vem contribuir para a Missão de levar à sociedade Desenvolvimento Intelectual, Social e Econômico com Educação, Inclusão e Cidadania.

Referências Bibliográficas

Peter Drucker. Inovação e espírito empreendedor: Prática e princípios, 2016. Edição Português. ed. Cengage Learning

Anne Miller. A Arte de Vender Ideias - Como Acabar vom c Resistência à Criatividade e à Inovação – 2010 – Ed. Unicamp – Campinas - SP

BASTOS, Cleverson. Aprendendo a Aprender. Introdução a Metodologia Científica. Petrópolis, Vozes,1995.

Bom Angelo, Eduardo. Empreendedor Corporativo. RJ. Ed. Elsevier, 2003.

Campos, Vicente Falconi. Controle de Qualidade Total (No Estilo Japonês), Cfco - 4ª Edição - Minas Gerais -1992.

Chesbrough, Henry. Open Innovation: The New Imperative for Creating and Profiting from Technology, Boston: Harvard Business School Press, 2003.

Christensen, Clayton M. e Raynor, Michael E, The innovator's solution; O crescimento pela inovação: Como crescer de forma sustentada e reinventar o sucesso – Tradução de Serra, Afonso C.C – Elsevier – RJ – 2003.

DRUCKER, Peter. E-DUCAÇÃO. Exame 690/ 14jun00.

Francisco Rodrigues Gomes. Livro sobre Inovação. O Caso Sandálias Havaianas® através do Modelo D.E.I: Aplicação do Modelo D.E.I - Difusão de Inovações, Estratégia e a Inovação [internet]. Versão 20. Knol. 5 jun. de 2010. Disponível em: http://knol.google.com/k/francisco-rodrigues-gomes/livro-sobre-inovação--o-caso-sandálias/11trgj5ebxv6a/2

Longo, Waldimir Pirró - Seminário UERJ-IME – Educação Continuada – 1996.

Lucena, Maria Diva da Salete. Avaliação de Desempenho. Atlas. São Paulo,1992.

Marcovitch, J. Tecnologia da Informação e Estratégia Empresarial. São Paulo, Fea/Usp, 1996.

Matos, Francisco Gomes de. Empresa Feliz. SP, Makron Books, 1996.

MATOS, Henrique Cristiano José. Aprenda a estudar: Orientações metodológicas para o estudo. Petrópolis, RJ: Vozes, 1994.

Minto, Bárbara. O Princípio da Pirâmide. São Paulo, Makron Books, 1991.

PLATT, Lewis. Aprendendo a assimilar mudanças. HSM Management 2, Mai./jun. 1997

Popcorn, Faith. O Relatório Popcorn - Centenas de Ideias de Novos Produtos, Empreendimentos e Novos Mercados – Editora Campus – RJ,– 1993.

Porter, M.E., Vantagem Competitiva, Editora Campus, Rio de Janeiro, 1990.

Ritto, Antonio Carlos. Organizações Caórdicas – Modelagem de Organizações Inovadoras. Ed. Ciência Moderna, RJ, 2005.

ROSA, Sanny S. da. Construtivismo e Mudança. S.P: Cortez, 1994.

Senge, P.M., A Quinta Disciplina, Editora Best Seller, São Paulo, 1990.

FILION, L. J., VISION ET RELACIONS – CLEFS DU SUCCÈS DE L'ENTERPRENEUR, Les éditions de l'enterpreneur, 1991.

Anexos: Questionários Utilizados nas duas Dimensões

A) Dimensão 1- Laboratórios de PDI – Pesquisa, Desenvolvimento e Inovação.
Escopo: Laboratórios de PDI – Pesquisa, Desenvolvimento e Inovação.

1- identificação:

- Nome da unidade:
- Nome do Laboratório ou Projeto:
- Nome do coordenador:
- Telefone do coordenador:

2- Resumo do principal projeto (máximo de 3000 caracteres):

3- Tipo de Resultado para o ano de 2020/2021:
( ) Produto
( ) Processo
( ) Serviço
( ) Com possibilidade de Registro na Biblioteca Nacional (vidros, obras didáticas, etc.)

4- Resumo do Resultado, seus benefícios e aplicação (máximo de 3000 caracteres):

5- O resultado do seu projeto poderá contribuir com benefícios para o momento ou pós-momento da Pandemia do Covid19?
( ) não ( ) Sim - Qual ?

Dimensão 2, foi pesquisada a categoria dos Laboratórios das UDTs Escopo: Todas as UDTs.

1- identificação:

- Nome da unidade:
- Nome da Udt:
- Nome do coordenador:
- Telefone do coordenador:
- Nome do bolsista:
- Telefone do bolsista:

2- Resumo do principal projeto da Udt (máximo de 3000 caracteres):

3- Tipo de Resultado para o ano de 2020/21:

( ) Produto

( ) Processo

( ) Serviço

( ) Com possibilidade de Registro na Biblioteca Nacional (vidros, obras didáticas, etc.)

4- Resumo do Resultado, seus benefícios e aplicação (máximo de 3000 caracteres):

5- O resultado do seu projeto poderá contribuir com benefícios para o momento ou pós-momento da Pandemia do Covid19?

( ) não

( ) Sim - Qual ?

Capítulo 3

A Gestão da Propriedade Intelectual pelos Núcleos de Inovação Tecnológica: uma visão sobre o INOVUERJ

Franco Barese Espala Vieira
Especialista em Propriedade Intelectual

Este capítulo busca expor um pouco da atuação dos Núcleos de Inovação Tecnológica (NITs) na promoção da inovação e, especialmente, na gestão da propriedade intelectual. A importância em disseminar a cultura em PI se mostra diariamente nos NITs, consideradas as dificuldades observadas em publicações sobre o tema. Por outro lado, diversas experiências positivas têm sido compartilhadas para difundir boas práticas.

Adiante será apresentada uma visão sobre os principais obstáculos e as ações promissoras na atuação dos NITs diante de suas funções institucionais. Um enfoque especial será dado à gestão e projetos do InovUERJ – Departamento de Inovação da Universidade do Estado do Rio de Janeiro.

1 – O papel dos Núcleos de Inovação Tecnológica

A Lei Federal nº 10.973, de 02 de dezembro de 2004, estabeleceu a figura dos Núcleos de Inovação Tecnológica (NIT) vinculados às Instituições de Ciência e Tecnologia (ICT) do Brasil, aos quais são imputadas diversas responsabilidades no apoio à inovação. O chamado segundo marco legal da inovação, dado pela Lei Federal nº 13.243, de 11 de janeiro de 2016, revisa a lei anterior, atribuindo maiores funções aos NIT.

Dentre as responsabilidades destes órgãos estão apoiar e representar a ICT em todos os aspectos de sua Política de Inovação. De acordo com o art. 16 § 1º da Lei Federal nº 13.243, são competências dos NIT:

I. zelar pela manutenção da política institucional de estímulo à proteção das criações, licenciamento, inovação e outras formas de transferência de tecnologia;

II. avaliar e classificar os resultados decorrentes de atividades e projetos de pesquisa para o atendimento das disposições desta Lei;

III. avaliar solicitação de inventor independente para adoção de invenção na forma do art. 22;

IV. opinar pela conveniência e promover a proteção das criações desenvolvidas na instituição;

V. opinar quanto à conveniência de divulgação das criações desenvolvidas na instituição, passíveis de proteção intelectual;

VI. acompanhar o processamento dos pedidos e a manutenção dos títulos de propriedade intelectual da instituição;

VII. desenvolver estudos de prospecção tecnológica e de inteligência competitiva no campo da propriedade intelectual, de forma a orientar as ações de inovação da ICT; (Incluído pela Lei nº 13.243, de 2016);

VIII. desenvolver estudos e estratégias para a transferência de inovação gerada pela ICT; (Incluído pela Lei nº 13.243, de 2016);

IX. promover e acompanhar o relacionamento da ICT com empresas, em especial para as atividades previstas nos arts. 6º a 9º; (Incluído pela Lei nº 13.243, de 2016);

X. negociar e gerir os acordos de transferência de tecnologia oriunda da ICT. (Incluído pela Lei nº 13.243, de 2016).

Isto significa que é papel destes órgãos fazer uma boa gestão da propriedade intelectual a fim de que o conhecimento gerado na universidade se transforme em ativos e possa enfim alcançar a sociedade por meio da transferência de tecnologia. Nas palavras de Carvalho (2019), os NIT foram criados para "orientar e apoiar o desenvolvimento de produtos, processos e serviços que pudessem ser transferidos para as empresas, de modo a transformar 'ciência em tecnologia', e aumentar a qualidade de vida e crescimento intelectual e profissional para todos os brasileiros". Andrade et al. (2019) afirmam que "O NIT é o responsável pelo esforço para a comercialização das tecnologias criadas pela ICT".

2 – Dificuldades e boas práticas na Gestão da Propriedade Intelectual nos NIT

O surgimento e o desenvolvimento dos departamentos de apoio à inovação em instituições de pesquisa antecedem às Leis que estabeleceram sua necessidade. Algumas universidades contam com ações institucionalizadas que datam do fim da década de 80. Mesmo com anos de prática na área, diversas universidades brasileiras sofrem com dificuldades para a atuação de seus NIT. Ainda que existam projetos melhores estruturados possuindo resultados relevantes, são muitos os que enfrentam obstáculos, em especial na gestão da propriedade intelectual. Na opinião de Andrade et al. (2018), são "órgãos que ainda necessitam desenvolver suas capacidades organizacionais" e "atuam em um ambiente de constante transformação, que demanda agilidade, flexibilidade e melhoria contínua".

Talvez sendo o ponto chave do problema, o país carece de literatura que apresente "questões específicas sobre modelos ou abordagens para o gerenciamento da PI em NIT" (Andrade et al., 2019). O trabalho de Neto et al (2019) revela que poucos são os estudos de abordagem quantitativa sobre as atividades de propriedade intelectual e transferência de tecnologia que possam guiar sistematização do conhecimento.

Outros autores apontam alguns fatores como sendo pontos críticos de dificuldades para a gestão da propriedade intelectual em NITs. Destacam-se a falta de cultura e organização institucional em torno da PI (Andrade et al., 2019; Fujino, 2007), a falta de estímulos e projetos para alavancar o engajamento da comunidade acadêmica (Holgerssona, 2019; Fujino, 2007) e os obstáculos em formar e manter quadro profissional capacitado (Garcia, 2012; Fujino, 2007; Neto et al., 2019).

Na UERJ, um dos pilares para a promoção da inovação no ambiente da universidade está justamente na disseminação da "Cultura de Empreendedorismo, Inovação, Propriedade Intelectual e Gestão da Inovação com as atividades de seminários, palestras, eventos voltados para Inovação, cursos e reuniões nos vários segmentos, da Universidade e para a Sociedade" (Carvalho, 2019). Os autores apresentam importantes ações realizadas para difundir conhecimento na área, incluindo a publicação de livros ("Gestão da Inovação nas ICTs", ISBN 9788562331626; "Modelo e Estratégia de Inovação", ISBN 9788582250242; e "Tecnologias Inovadoras e a Expansão da Consciência", ISBN 9788539909308) e a criação do Workshop de Ciência, Tecnologia e Inovação (WCTI).

Outros institutos de pesquisa também têm adotado diversas ações que se mostram eficazes promotores de inovação e auxiliam na atuação em gestão da propriedade intelectual. Diversos autores (Garcia, 2012; Ribeiro, 2019; Fernandes et al, 2019) apontam para o estabelecimento de parcerias como fomentadores de inovação - com destaque para as ações de criação e ampliação da Rede Mineira de Propriedade Intelectual e sua capilaridade em diversas universidades (Ribeiro, 2019; Fernandes et al, 2019). A importância da promoção da cultura em PI também é evidenciada (Carvalho, 2019), assim como a necessidade de constante melhoria dos processos, capacitação profissional e uso de tecnologia (Andrade et al., 2019; Barbalho et al, 2019; Fujino, 2007; Holgerssona, 2019; Dias, 2013). Por outro lado, muitos autores (Garcia, 2012; Andrade et al, 2018; Fujino, 2007; Holgerssona, 2019) ressaltam ser primordial oferecer estímulos por meio de bons arranjos institucionais que promovam a inovação e facilitem a gestão da PI gerada.

3 - Atuação do InovUERJ

No âmbito da captação, proteção e difusão das criações intelectuais geradas nas universidades, Andrade et al (2018) afirmam que as competências do NIT "são em parte estratégicas, ligadas à definição de política e diretrizes de inovação, e em parte operacionais, ligadas a ações para manutenção das atividades cotidianas". Percebe-se assim que a atuação destes órgãos não é simples, demandando grande capacidade técnica e interpessoal dos atores envolvidos. Entretanto, a literatura revela que boa parte dos NITs brasileiros sofre com a escassez de recursos humanos qualificados (Garcia, 2012; Neto et al, 2019), com a rotatividade de pessoal que prejudica ações de longo prazo (Garcia, 2012) e, até mesmo, com remuneração inadequada (Fujino, 2007).

O departamento de inovação da UERJ - InovUERJ -, por exemplo, conta hoje com um corpo técnico composto por sete funcionários e nem todos participam diretamente na gestão da propriedade intelectual. Garcia (2012) revela dificuldades no NIT da Universidade Federal de Viçosa onde "quatro bolsas de graduação e uma de mestrado (...) são responsáveis pela gestão técnica e administrativa do NIT". Essa realidade é muito diferente daquela das instituições com melhores resultados em transferência de tecnologia, tais como a Inova Unicamp que, em 2013, possuía uma equipe técnica com mais de 40 pessoas (Dias, 2013).

Na tentativa de contrapor a falta de corpo técnico robusto, o InovUERJ tem proposto uma gestão da propriedade intelectual que facilite o processo aos atores envolvidos, seja por meio da adequada divisão das atividades, da utilização de auxílio dos pesquisadores ou até mesmo pela simples padronização de procedimentos.

Como já visto anteriormente, as atividades em um NIT são em parte rotineiras e cotidianas, e em parte estratégicas. O trabalho cotidiano está ligado ao monitoramento dos ativos intelectuais e ao atendimento aos pesquisadores/autores. A demanda de pesquisadores geralmente gira em torno dos procedimentos para a proteção de sua criação e dúvidas quanto aos ativos já registrados. Para funcionários do NIT, este tipo de atividade é, em geral, simples, embora cada caso possua suas especificidades. Assim, o Escritório de Propriedade Intelectual (EPI) do InovUERJ busca organizar documentos com informações essenciais sobre Legislação, Normas e procedimentos para a proteção de ativos, em uma linguagem simples e direta que possa ser facilmente entendida pelos pesquisadores. Complementarmente, é oferecido aos interessados uma comunicação mais aberta - indo além do contato comum por e-mail, atendendo-os por telefone e reuniões virtuais, no que se demonstra uma clara tentativa de difundir a cultura de propriedade intelectual, a fim de proporcionar aos pesquisadores conhecimento que os ajude a direcionar suas pesquisas e valorizar suas criações.

As demandas para registro de ativos de propriedade intelectual no EPI são maiores para programas de computador e patentes. Marcas e desenhos industriais aparecem em menor número, assim como registros em Biblioteca Nacional. Ainda não há solicitações para proteção de cultivares ou de topografias de circuito integrado. Porém, para todos os procedimentos, o EPI possui documentos de autoria própria que descrevem etapas e informações necessárias para os respectivos registros. Assim, o contato com os pesquisadores é organizado, simplificado e direcionado para o resultado (isto é, a correta proteção do ativo). Para os casos em que os próprios autores não sabem que tipo de proteção dar a sua criação, o EPI desenvolveu perguntas padrão a serem respondidas pelos autores para permitir a identificação da correta proteção. O informe aos pesquisadores sobre o andamento de seus pedidos também foi sistematizado: são revelados o status do pedido (geralmente o ponto de interesse dos autores), as próximas etapas a serem seguidas pelo órgão responsável (INPI - Instituto Nacional de Propriedade Industrial ou Biblioteca Nacional), assim como as expectativas de prazos e etapas de responsabilidade da UERJ.

O monitoramento do portfólio de ativos é fundamental para a correta gestão da propriedade intelectual e o uso de tecnologia se mostra importante para tal atividade. Conforme indica Andrade et al (2019) "é importante a utilização de um sistema de informação, baseado em práticas de gestão do conhecimento, e apoiadas nas ferramentas da tecnologia da informação". O InovUERJ renovou recentemente seu contrato para uso de software especializado para o monitoramento de ativos. Antes da renovação, o acompanhamento de pedidos era feito semanalmente e todas as publicações referentes a pedidos da UERJ eram verificadas manualmente nas Revistas de Propriedade Intelectual (RPI) - publicação oficial do INPI onde são contemplados todos os despachos da semana – e registradas em planilhas para serem passadas aos interessados. O controle dos prazos de resposta (quando necessário) também exigia uso de planilhas.

O contato com autores/inventores para informes de publicações requer ainda outro controle específico, visto que há ativos intelectuais da UERJ com titularidade compartilhada com outras instituições. Nesse caso, é necessário discriminar, entre os registros do EPI, os autores da UERJ participantes de cada projeto conjunto para mantê-los informados. Ainda, é importante manter contato com as instituições parceiras para diálogo sobre ações a serem tomadas.

Seguindo boas práticas da literatura, o InovUERJ busca se utilizar dos autores para a correta gestão dos ativos. Seja na etapa inicial, de registro, onde os interessados são convidados a responderem formulários com determinadas informações, seja na redação de pedidos de patente e até mesmo no auxílio em questões técnicas junto ao INPI, o EPI mantém os autores sempre presentes nas tomadas de decisões sobre a tecnologia. Tal fator é importante para difusão da cultura, como também se mostra uma prática de sucesso na gestão da propriedade intelectual (Holgerssona, 2019). Para os pesquisadores, é importante estarem dispostos a este tipo de auxílio no cuidado com o ativo a ser protegido, pois o conhecimento técnico do autor pode ser o diferencial entre uma boa proteção e um ativo sem valor para a sociedade.

A. Procedimentos para a proteção de ativos de propriedade intelectual

As criações intelectuais geradas em Institutos de Ciência e Tecnologia brasileiros são de diversas naturezas e, por isso, são possíveis diferentes formas de proteção. No sistema de direito formal, a proteção a ativos de propriedade intelectual pode ser feita por meio de patentes, programas de computador, marca, desenho industrial, topografia de circuito integrado e indicações geográficas (junto ao INPI); obras intelectuais de acordo com a Lei de Direitos Autorais[1] (junto à Biblioteca Nacional); e Cultivares (junto ao SNPC).

No InovUERJ, é o Escritório de Propriedade Intelectual (EPI) o setor responsável por atender as demandas referentes às proteções de criações de professores, servidores e alunos da UERJ. É importante destacar que os custos para registro das obras podem ser cobertos pela Universidade caso algum dos participantes seja professor ou servidor.

Como já mencionado, atualmente o EPI conta com procedimentos padronizados para captar e tramitar pedidos de ativos de propriedade intelectual. O contato inicial geralmente é dado por um pesquisador, servidor ou aluno, que busca o EPI com alguma criação para ser protegida. O direcionamento do autor para o escritório é feito pelo site do InovUERJ (http://www.inovuerj.sr2.uerj.br/portal/) – que informa o procedimento e o contato do EPI.

1 Lei Nº 9.610, de 19 de Fevereiro de 1998.

A difusão da cultura em PI tem auxiliado os autores a reconhecerem as proteções necessárias para suas criações. Entretanto, há casos em que os próprios autores não sabem ao certo qual a forma adequada e, nestes casos, o EPI, por meio da Dra. Marinilza Bruno de Carvalho, desenvolveu e aplica um questionário simples que permite a identificação da proteção.

Com a definição do tipo de proteção a ser dada, o EPI parte para a coleta de informações necessárias e assinatura de documentos. Para todas as proteções mencionadas, exige-se que os autores/inventores assinem um Acordo de Parceria (caso haja mais de um). Este documento atesta que o produto a ser protegido é fruto de um desenvolvimento conjunto entre as pessoas integrantes e estabelece percentuais proprietários para o caso de futura geração de rendimentos. Em proteção por patentes, há situações em que os inventores demandam do Escritório a elaboração do texto do pedido a ser depositado e, assim sendo, surge a necessidade de assinatura de Termo de Confidencialidade entre a redatora do EPI e os inventores.

As informações necessárias para registro de criações diferem para cada tipo de proteção. Assim, o EPI organizou documentação própria, em formato de formulários, para coletar os dados necessários. Estes formulários são encaminhados aos autores juntamente com documentos auxiliares (quando necessário) para que sejam preenchidos e devolvidos. A ideia por traz desta organização é facilitar a reunião das informações essenciais para o processo, visto que em geral os pesquisadores têm pouca predisposição a entender exigências burocráticas.

- **Patentes**

Para o depósito de pedidos de patente, além do texto do pedido conforme Legislação[2] e normativas[3] do INPI, são requeridas informações sobre os inventores: Nome; CPF; Nacionalidade; Qualificação Física; Endereço; Cidade; Estado; CEP; País; Telefone; E-mail.

2 Lei Nº 9.279, de 14 de Maio de 1996

3 Instrução Normativa DIRPA nº 30/2013 e Instrução Normativa DIRPA nº 31/2013

O INPI permite que os inventores escolham se desejam incluir uma figura na capa da publicação. A publicação de um pedido de patente, que ocorre em 18 meses após o depósito ou mediante solicitação do titular, é parte da contrapartida dada pelo titular à sociedade como recompensa pela concessão do direito de exploração - conceito cerne do sistema de patentes. Na primeira página da publicação do pedido pode ser incluída uma figura dos desenhos e esta indicação deve ser feita no momento do depósito.

Ainda no ato de depósito, é necessário declarar se o produto a ser protegido é fruto de acesso ao patrimônio genético ou conhecimento tradicional associado brasileiro de acordo com legislação correspondente[4].

O sistema de patentes também permite a reivindicação de prioridade, nos termos da Lei de Propriedade Industrial[5] (LPI). A reivindicação de prioridade é um importante instrumento para tecnologias que já possuem pedidos de patente em outros países.

- **Programas de computador**

Os programas de computador são criações intelectuais protegidos pela Lei dos Direitos Autorais[6]. Ainda, a chamada Lei do Software[7] regula a proteção formal dos direitos envolvendo programas de computador.

O registro de programas de computador é feito junto ao INPI e possui características em comum com o sistema para patentes. Dos autores da tecnologia são requeridos os mesmos dados para o caso de depósito de patente (citados anteriormente), além de informações sobre o programa a ser protegido:

---

4 Lei nº 13.123, de 20 de maio de 2015.
5 Lei Nº 9.279, de 14 de Maio De 1996.
6 Lei Nº 9.610, de 19 de Fevereiro De 1998.
7 Lei Nº 9.609 , de 19 de Fevereiro De 1998.

Título
Data de publicação e/ou data de conclusão do programa
Linguagens de programação utilizadas
Tipo de programa
Campo de aplicação
Resumo digital hash
Tipo de algoritmo hash utilizado
Derivado de outro programa

Para a escolha do Tipo de programa e Campo de aplicação, o INPI desenvolveu listagem própria. Isto é, tais dados devem ser escolhidos entre uma lista de opções dadas pelo próprio órgão. Por isso, o EPI envia aos autores tais listas para que possam definir adequadamente a proteção ao programa. É permitida a escolha de mais de uma opção em ambos os casos (tipo de programa ou campo de aplicação).

- [ ] AP01 - Aplicativos
- [ ] AP02 - Planejamento
- [ ] AP03 - Controle
- [ ] AP04 - Auditoria
- [ ] AP05 - Contabiliz
- [ ] AT01 - Automação
- [ ] AT02 - Automação de Escritório
- [ ] AT03 - Automação Comercial

Figura 1: exemplo de tipo de programa

- [ ] SD03-Doença (congênita, infecciosa, do sistema reprodutor, do sistema glandular, etc)
- [ ] SD04-Defic Fís (física, mental, inválido)
- [ ] SD05-Assist Méd (hospitalar, médico-domiciliar, ambulatorial, médico-sanitária)

Figura 2: exemplo de campo de aplicação

O resumo digital hash, conforme definido no site[8] do INPI, é uma transformação criptográfica "dos trechos do programa de computador e de outros dados que considerar suficientes e relevantes para identificá-lo" e "é fundamental para caracterizar a originalidade do programa de computador". Em outras palavras, para o registro de software, é necessário que ao menos uma parte do código-fonte seja transformada em um resumo digital hash. Um guia para a geração do resumo hash é fornecido pelo próprio INPI no Manual do Usuário para o Registro Eletrônico de Programas de Computador. Este documento também é encaminhado pelo EPI aos autores, para auxílio no processo. Ainda, solicita-se a indicação do tipo de algoritmo de hash utilizado (em geral SHA-512 ou SHA-256).

O protocolo de registro exige que seja informado se o programa é derivado de outro já registrado no INPI - caso positivo, é necessário informar título, linguagem e número de registro.

- **Marcas**

As marcas são sinais distintivos "cujas funções principais são identificar a origem e distinguir produtos ou serviços de outros idênticos, semelhantes ou afins de origem diversa"[9].

O registro de uma marca deve ser feito junto ao INPI. Neste sistema não há necessidade de identificação dos autores. As informações necessárias para o registro são relativas à marca em si, ou seja, ao sinal distintivo que se deseja proteger.

O EPI atende às demandas de registro de marca solicitando ao pesquisador/servidor/aluno interessado as seguintes informações:

Natureza

[8] https://www.gov.br/inpi/pt-br/servicos/programas-de-computador/guia-completo-de-programa-de-computador

[9] http://manualdemarcas.inpi.gov.br/

Apresentação
Elemento nominativo
Elemento figurativo
Especificações de classe

A natureza da marca pode ser: i) de produto e/ou serviço; ii) de certificação; e iii) coletiva. As marcas nascidas nas universidades são, em geral, do tipo i, mas há de se atentar para os casos em que outras podem surgir.

A apresentação da marca é a definição da presença de elementos nominativo e figurativo. Isto é, deve-se informar se a marca será só um nome (nominativa), só uma figura (figurativa) ou contendo ambos os elementos (mista). O elemento figurativo deve seguir os padrões exigidos pelo INPI:

Formato de arquivo válido	JPG
Tamanho mínimo	945 x 945 pixels (8 cm x 8 cm)
Resolução mínima	300 dpis
Tamanho máximo do arquivo	2 MB

Figura 3: exigências para o elemento figurativo.

As especificações de classe delimitam do escopo de proteção das marcas. Em outras palavras, a escolha de classes define as áreas nas quais aquele sinal distintivo estará protegido. Isto significa que quanto maior for o número de classes possíveis, maior será o escopo de proteção da marca. Cabe destacar que a escolha deve ser compatível com os produtos ou serviços reivindicados.

As classes são dadas pela Classificação Internacional de Nice, totalizando 45, entre produtos e serviços, cada classe com inúmeras especificações. Esta definição é de grande importância no processo de registro e, por isso, o EPI convida o pesquisador/servidor/aluno que deseja registrar a escolher as opções por conta própria - oferecendo auxílio, se necessário.

Classe 8 Ferramentas e instrumentos manuais, de propulsão muscular; Cutelaria; Armas portáteis, exceto de fogo; Lâminas de barbear.

Classe	Especificação	Nº de base
8	Abridores de latas, não elétricos	080169
8	Abridores de ostras	080143
8	Adagas	080246
8	Afiador de esquis operado manualmente	080268

Figura 4: exemplo de classe e especificações de marca

O peticionamento de registro de marcas exige também a classificação dos elementos figurativos (quando houver) e, assim como no sistema de patentes, permite a reivindicação de prioridade nos termos da LPI.

- **Desenho Industrial**

Desenhos industriais são definidos na Lei de Propriedade Industrial[10] (LPI) como "a forma plástica ornamental de um objeto ou o conjunto ornamental de linhas e cores que possa ser aplicado a um produto, proporcionando resultado visual novo e original na sua configuração externa e que possa servir de tipo de fabricação industrial."

A proteção aos desenhos industriais é feita por meio do INPI. Assim como nos procedimentos para patentes e softwares, o peticionamento para desenhos industriais requer informações sobre os autores. O pedido de registro também permite inclusão de relatório descritivo e reivindicações, conforme a LPI e Manual de Desenho Industrial elaborado pelo INPI.

[10] Lei Nº 9.279, de 14 de Maio de 1996.

Assim, o formulário elaborado pelo EPI solicita aos interessados, além das informações sobre os autores já mencionadas:

Objeto de desenho
Título
Campo de aplicação

O objeto de desenho é a simples definição se a criação se trata de um desenho bidimensional ou tridimensional. O título é escolhido pelos autores e deve "indicar o objeto do registro de maneira breve, clara e concisa, sem o emprego de expressões ou palavras irrelevantes, desnecessárias ou que denotem vantagens, especificações técnicas ou características meramente qualificativas"[11].

O campo de aplicação a ser selecionado está compreendido na Classificação Internacional de Locarno, uma lista de classes tais como as existentes para marcas.

CLASSE 01. GÊNEROS ALIMENTÍCIOS

NOTAS EXPLICATIVAS

a) Inclui gêneros alimentícios para seres humanos e para animais e alimentos dietéticos.
b) Não inclui embalagens (CL 9).

01.01. PRODUTOS DE PADARIA, BISCOITOS, FOLHADOS, MACARRÃO E OUTROS PRODUTOS À BASE DE CEREAIS, CHOCOLATES, CONFEITARIA, SORVETES

CLASSE	CÓDIGO	INDICAÇÃO
01.01	100025	Aletrias
01.01	100002	Biscoitos
01.01	100016	Biscoitos de gengibre
01.01	100008	Bolos

Figura 5: exemplo de classes de desenho industrial

Assim como nos sistemas de patentes e marcas, também é possível reivindicar prioridade para pedidos de desenho industrial.

[11] http://manualdedi.inpi.gov.br/

Aspectos estratégicos na atuação do EPI

Além das atividades de proteção às criações, há uma dimensão estratégica na gestão da inovação da qual o Escritório de Propriedade Intelectual do InovUERJ faz parte. A política de Inovação da UERJ contempla "ações de prospecção, com metodologia própria, apoio aos pesquisadores, processos de registro e proteção de ativos, fluxo operacional e modelos de transferência de tecnologia e negociação" (Carvalho, 2019).

O Departamento de Inovação da UERJ possui experiências de sucesso em parcerias para desenvolvimento e produção de tecnologias com outras instituições – tanto universidades públicas quanto entidades privadas -, que resultaram em proteção a ativos de PI. Conforme Carvalho (2019), uma importante ação para transferência de tecnologia realizada no âmbito do InovUERJ foi a Rodada de Licenciamento de Software, em 2017, que resultou numa apresentação de 13 tecnologias na Semana Nacional de Ciência e Tecnologia do MCTI.

Entretanto, verifica-se uma demanda por mais projetos que permitam que a ciência produzida na universidade alcance a sociedade. Atualmente o InovUERJ trabalha na elaboração de um Edital para licenciamento de ativos de propriedade intelectual. O portfólio da universidade conta diversas patentes e programas de computador em importantes áreas (saúde, energias renováveis, tratamento de resíduos, entre outras) e com elevado grau de desenvolvimento (protótipos e testes realizados), conferindo potencial de mercado para estes ativos.

A transferência de tecnologia, em seus diversos métodos, é uma atividade que contempla diversas áreas do conhecimento e exige dos atores grande capacidade interdisciplinar. Nas palavras de Fujino (2007), é importante desenvolver nos funcionários de um NIT "habilidades de mediação essenciais ao relacionamento com os pesquisadores, provedores da tecnologia, empreendedores, empresas e compradores da tecnologia".

Neste aspecto, o EPI atua de forma a manter os inventores/autores em constante contato, a fim de valorizar suas criações. No caso de pedidos de patentes, sabe-se da importância na formulação de reivindicações que proporcionem uma boa proteção à tecnologia. Por isso, os inventores são convidados a participarem da elaboração do texto, seja fazendo revisões ou até mesmo sugerindo descrições para a tecnologia. Na etapa de exame de mérito do pedido por parte do INPI, o EPI também inclui os inventores na formulação da resposta, sempre com intuito de fortalecer as reivindicações. Tais ações são consonantes com boas práticas internacionais (Holgerssona, 2019).

O projeto para lançamento do Edital de licenciamento também conta com a participação ativa do EPI. Dadas as diretrizes definidas pelo InovUERJ, foi necessário identificar e selecionar tecnologias com maior potencial de mercado no atual momento socioeconômico. O trabalho foi inclusive auxiliado, no que tange a valoração dos ativos, por um consultor contratado para esta atividade. O papel do EPI foi o de avaliar tecnicamente o portfólio de patentes e programas de computador sob uma ótica de classificação de potencialidades para transferência. Neste sentido, a primeira rodada de seleção de ativos para licenciamento analisou e caracterizou as seguintes potencialidades de cada ativo:

a. Campo técnico: diz respeito à área do conhecimento ao qual pertence a tecnologia. A análise sobre este quesito se mostra importante na medida que o momento de mercado tem maior demanda por certas inovações. Destacam-se os campos da saúde (em especial tecnologias de baixo custo e fácil acesso) e sustentabilidade (energias renováveis, tratamento de resíduos);

b. Nível de maturidade: refere-se à etapa de desenvolvimento em que se encontra a tecnologia, desde o início (pesquisa básica) ao final (protótipos testados). Para fins de licenciamento, ativos com maior nível de maturidade tecnológica tendem a ter maior sucesso;

c. Status de proteção: avaliação sobre o andamento do processo de proteção daquela tecnologia - a UERJ possui patentes concedidas, pedidos em fase de exame e pedidos recém-depositados;

d. Grau de inovação: avaliação sobre o grau de diferenciação da tecnologia diante de outras similares ou com funções equivalentes.

Esta etapa, complementada pela valoração das tecnologias, é de vital importância para preparo do processo de licenciamento. Dias (2013) evidencia a importância deste tipo de ação para municiar os NIT na etapa de negociação.

Além do tratamento da propriedade intelectual, outro aspecto importante da gestão da inovação em um NIT é o financeiro. No EPI, busca-se fazer uma previsão orçamentária anual, considerando todas as taxas oficiais obrigatórias, assim como uma expectativa no número de registro de ativos e possíveis ações administrativas junto ao INPI. Isto ajuda na adequação financeira do InovUERJ junto à Pró-reitoria a qual está vinculado.

4 - Próximos passos do Escritório de Propriedade Intelectual

Seguindo as diretrizes da Política de Inovação da UERJ, é objetivo do EPI seguir se aperfeiçoando em seus métodos e procedimentos a fim de disseminar a cultura da inovação e valorizar as criações intelectuais da universidade. A literatura e os exemplos de sucesso mostram que ainda são muitas as adequações necessárias para que a maior parte dos NIT brasileiros possa entregar resultados mais relevantes na proteção e transferência de tecnologia.

No entanto, o trabalho de aperfeiçoamento da gestão da propriedade intelectual pode ser feito em etapas, considerando as características, as capacidades e os objetivos de cada instituição. No InovUERJ, busca-se criar ferramentas que aproximem os pesquisadores da cultura de propriedade intelectual, a fim de gerar interesse pela transformação de suas pesquisas em tecnologias que possam servir à sociedade. Em outra vertente, os funcionários do Departamento de Inovação são instigados a desenvolver novas habilidades importantes ao processo de gestão.

No âmbito do EPI, verifica-se um movimento de sistematização de todos os procedimentos para proteção, com revisão do website do Departamento e adequação do contato com autores e inventores. Além disso, o projeto do Edital de Licenciamento exigirá do Escritório importante atuação na aproximação do inventor/autor do processo de transferência, assim como na mediação entre interesses da Universidade e de possíveis contratantes.

Referências Bibliográficas

ANDRADE, Herlandí de Souza; TORKOMIAN, Ana Lúcia Vitale; CHAGAS JR., Milton de Freitas; URBINA, Ligia Maria Soto; SILVA, Messias Borges, A necessidade de inovação nos processos dos Núcleos de Inovação Tecnológica, Boas Práticas de Gestão em Núcleos de Inovação Tecnológica, vol. 1, p. 11-19, Edições Brasil, Jundiaí, 2018.

ANDRADE, Herlandí de Souza; TORKOMIAN, Ana Lúcia Vitale; CHAGAS JR., Milton de Freitas; URBINA, O Papel dos Núcleos de Inovação Tecnológica na Gestão da Propriedade Intelectual, Boas Práticas de Gestão em Núcleos de Inovação Tecnológica, vol. 2, p. 11-23, Edições Brasil, Jundiaí, 2019.

BARBALHO, Sanderson César Macêdo; GHESTI, Grace Ferreira; CARVALHO, Sônia Marise Salles; SANTOS, Carlos Denner dos; ELIANE, Rosa, A Gestão da Inovação na Universidade de Brasília. Boas Práticas de Gestão em Núcleos de Inovação Tecnológica, vol. 2, p. 11-23, Edições Brasil, Jundiaí, 2019.

CARVALHO, Marinilza Bruno de; RITTO, Antonio Carlos de Azevedo, A Gestão da Inovação Universidade do Estado do Rio de Janeiro, Boas Práticas de Gestão em Núcleos de Inovação Tecnológica, vol. 2, p. 11-23, Edições Brasil, Jundiaí, 2019.

DIAS, Alexandre Aparecido; PORTO, Geciane Silveira, Gestão de Transferência de Tecnologia na Inova Unicamp, Revista de Administração Contemporânea, v. 17, n. 3, art. 1, pp. 263-284, Rio de Janeiro, 2013.

FERNANDES, Cleverton Rodrigues; FILHO, Petrônio Filgueiras de Athayde; CORNÉLIO, Melânia Lopes, A Gestão da Inovação na Universidade Federal da Paraíba. Boas Práticas de Gestão em Núcleos de Inovação Tecnológica, vol. 1, p. 55-74, Edições Brasil, Jundiaí, 2018.

FUJINO, Asa; STAL, Eva, Gestão da Propriedade Intelectual na Universidade Pública Brasileira: Diretrizes para Licenciamento e Comercialização, Revista de Negócios, v. 12, n. 1, p. 104 - 120, Blumenau, 2007.

GARCIA; Marcelo De Oliveira; GAVA, Rodrigo, Gestão da Propriedade Intelectual Como Suporte à Inovação Tecnológica: o Caso do Núcleo de Inovação Tecnológica da Universidade Federal de Viçosa, Revista de Design, Inovação e Gestão Estratégica, v. 3, n. 03, Rio de Janeiro, 2012.

GAVA, Rodrigo; ALVES, Flávia Ferreira; COSTA, Thamiris Campos da, A Gestão da Inovação na Universidade Federal de Viçosa. Boas Práticas de Gestão em Núcleos de Inovação Tecnológica, vol. 2, p. 21-54, Edições Brasil, Jundiaí, 2019.

HOLGERSSONA, Marcus; AABOENB, Lise, A literature review of intellectual property management in technology transfer offices: From appropriation to utilization, Technology in Society, v. 59, 2019.

NETO, Denisia Ribeiro; SILVA, Graciele Cristina; SILVA, Luiz Almeida da; SILVA, André Carlos; SADOYAMA; PRADO, Adriana dos Santos, O processo de gestão da propriedade intelectual e transferência tecnologia, Humanidades & Tecnologia em Revista, vol. 19, Paracatu, 2019.

RIBEIRO, Sonia Maria de Brito; SILVA, Carlos Eduardo Sanches da, A Gestão da Inovação na Universidade Federal de Itajubá - UNIFEI. Boas Práticas de Gestão em Núcleos de Inovação Tecnológica, vol. 1, p. 89 - 101, Edições Brasil, Jundiaí, 2018.

Capítulo 4

Ilha Grande HPA- Resposta à presença de óleo do mar

Laura Pires Stallone Cabeda

Resumo

Os hidrocarbonetos policíclicos aromáticos (HPA) são considerados pela Agência Ambiental Americana (sigla em inglês, EPA) como poluentes prioritários para pesquisa devido aos efeitos negativos à biota em geral. Os principais compostos são o pireno, benzo[a]pireno e fenantreno, sendo alguns caracterizados como possivelmente cancerígenos; também seus metabólitos 1-hidroxinaftaleno, 9-hidroxifenantreno e 1-hidroxipireno.Dentre as proteínas presentes no sangue, a albumina se destaca por ser a mais abundante, além de ser transportadora e depósito para diversas macromoléculas. No ambiente aquático, os HPA podem ser provenientes de atividades como emissão vulcânicas, afloramento de petróleo, derramamento de óleo e ainda de queima de combustíveis fósseis por embarcações. Assim, esses compostos se depositam em diferentes compartimentos ambientais, como solo e corpos hídricos, contaminando os animais destes ambientes. Os HPA têm nível de toxicidade moderado a alto para a vida aquática. Como são lipossolúveis, suas concentrações em peixes e crustáceos normalmente são muito maiores do que no corpo hídrico. O consumo destes animais contaminados pelo homem através da dieta pode ser uma das causas dos crescentes casos de câncer nos órgãos do trato gastrointestinal, por exemplo. Assim, este trabalho tem como objetivo propor um aplicativo de celular que mostre, em tempo real, os pescadores e população da Baía de Ilha Grande, Rio de Janeiro, quais os locais de maior contaminação de HPAs, assim como os pescados e frutos do mar da região que apresentam os maiores níveis de contaminação.

Palavras-chave

Hidrocarbonetos policíclicos aromáticos; ambiente aquático; Baía de Ilha Grande; pesca; meio ambiente.

Introdução

Desde o primeiro grande acidente com óleo no mar, em 1967, que os efeitos relacionados a este impacto vêm sendo avaliados (Walker et al. 2019). Os processos envolvidos imediatamente após os vazamentos são extremamente complexos e dependem de inúmeros fatores como a quantidade e tipo de óleo extravasado, e as características dos organismos e ecossistemas (Zhang et al. 2019, Saadoun 2015). Pequenos volumes de óleos leves perdidos em mar aberto possuem impactos distintos de grandes volumes de óleos densos vazados em áreas costeiras e de elevada biodiversidade. Imediatamente após um vazamento, a interação do óleo com o mar se inicia, bem como seus impactos. Frequentemente, os primeiros organismos a serem impactados são as aves marinhas, que possuem o comportamento de mergulhar na água para obter alimento ou descanso, e o contato com o óleo diminui sua flutuabilidade e capacidade de voo. Sob a ação de ventos e correntes, este óleo pode alcançar áreas costeiras e atingir praias, costões rochosos, manguezais, marismas e recifes rasos. Além do aspecto estético há um dano à biota que depende também do hidrodinamismo local e da amplitude das marés. Os procedimentos de limpeza, sejam eles físicos ou químicos, também afetam a biota e devem ser igualmente considerados como fontes adicionais de impactos ambientais, sociais e econômicos. A toxicidade de alguns compostos, como os hidrocarbonetos aromáticos (HPA) pode permanecer no ambiente, mesmo após a remoção e contaminar moluscos e/ou serem magnificados troficamente, atingindo peixes e outros predadores de topo, com impactos importantes na saúde humana (NOAA 2020, Zhang et al. 2019).

A Baía da Ilha Grande (BIG) é uma extensa baía subtropical situada no litoral sul fluminense, com uma área estimada em 65.258 hectares e 350 km de perímetro de linha d'água. A Baía da Ilha Grande compreende mais de 365 ilhas, dentre as quais, a Ilha Grande (Angra dos Reis, RJ), situada na sua porção mais setentrional e oriental, se destaca como a sexta maior ilha do Brasil, com 30 km de extensão. Dada a sua notória riqueza natural e cultural, a Ilha Grande foi reconhecida em 2019, em conjunto com o município vizinho de Paraty, como Patrimônio Mundial pelo respectivo comitê da Organização das Nações Unidas para a Educação, Ciência e Cultura (UNESCO).

A BIG representa uma área de extrema relevância para a conservação da biodiversidade marinha no Brasil (MMA, 2002). Nos protocolos de identificação de importância biológica e ecológica (EBSAs, Ecologically and Biologically Significant Areas), são considerados sete critérios (Alvarado et al. 2011, GOBI 2012, Gregr et al. 2012), a saber: 1) raridade das espécies; 2) importância para a história de vida das espécies; 3) importância para espécies e/ou habitats ameaçados, em declínio; 4) fragilidade, vulnerabilidade, sensibilidade, fragilidade e tempo de recuperação lento; 5) produtividade biológica; 6) diversidade; e 7) estado de conservação mais próximo do natural. A BIG apresenta todo este conjunto de características, o que reforça ainda mais sua importância para a conservação da biodiversidade.

Além de se situar em uma área de transição entre dois grandes domínios ecológicos marinhos de natureza tropical e subtropical, a BIG apresenta peculiaridades oceanográficas e geográficas que propiciam o desenvolvimento de uma rica fauna e flora marinhas, representada inclusive por espécies endêmicas (Creed et al. 2007a, b, Bastos & Callado 2009, Johnson & Ikemoto 2015, Fortunato et al. 2020). Porém, esse delicado e intrincado sistema de ilhas, baías e enseadas vem sendo impactado de diversas formas pela urbanização crescente, turismo desordenado e atividades industriais e portuárias em seu entorno, que vêm ameaçando seriamente esse patrimônio natural (Creed et al. 2007a).

O crescimento das atividades ligadas à extração de petróleo na região ou próxima da Baía da Ilha Grande e das atividades de turismo com um imenso tráfico de embarcação geram preocupações. Impactos ambientais diretos associados ao derramamento de óleo neste litoral já foram sentidos, além daqueles indiretos que geraram a introdução de duas espécies altamente invasoras na região: *Tubastraea coccinea* e *Tubastraea tagusensis* (Creed et al. 2017) e a ocorrência de alterações metabólicas como a modificação morfofisiológica sexual, denominado de *imposex*, em gastrópodes, causado pelas tintas anti-incrustantes de embarcações.

Os efeitos tóxicos do óleo se reduzem com o passar do tempo em função dos processos físicos e químicos de degradação ao qual está submetido quando exposto ao ambiente. Assim, quanto maior for a proximidade da costa, maior será seu impacto, pois o tempo para esta degradação é insuficiente e a aproximação da costa acelerada pelas reduzidas distâncias (Maritime NZ 2020). Exatamente o que se observa na região da BIG, em que as áreas potenciais de vazamento (TAAR, Verolme, marinas) estão localizadas a menos de 1 km da costa. Mesmo as áreas de fundeio ocorrem em distâncias menores que 40 km da costa.

Desta forma, o aplicativo tem como objetivo fazer o monitoramento e o mapeamento da susceptibilidade ambiental, social e econômica da região da Baía da Ilha Grande e consequentemente do Estado do Rio de Janeiro. Para isso, será desenvolvido o aplicativo intitulado Ilha Grande HPA. O projeto irá buscar e agregar, de forma sistemática e inovadora, informações inéditas da região frente a um derramamento de óleo, avaliar como a presença de óleo impacta no ecossistema da região e ainda propor mecanismos de remediação das áreas atingidas, confirmando à exposição da fauna aos HPA oriundos desses impactos ambientais.

O aplicativo "Ilha Grande HPA"- IGHPA: a construção de um aplicativo para celular informar a população

Os locais com presença de óleo no mar e quais os organismos aquáticos mais contaminados e assim, poder emitir alertas às autoridades, órgãos ambientais competentes, empresas potencialmente envolvidas e à população como um todo. Adicionalmente, outros informes ambientais serão incluídos no aplicativo de modo a detectar outros fenômenos ou impactos no meio marinho. Este aplicativo servirá também para que a comunidade se sinta parceira e ativa no monitoramento ambiental, assumindo sua efetiva participação e contribuição, não apenas aguardando ações externas, já que a sociedade se encontra totalmente exposta a esses compostos e, por isso, é de extrema importância a produção de um aplicativo com o intuito de elaborar resultados influentes nesta área. A inovação deste projeto é produzir um estudo em Ilha Grande, analisando as regiões de pesca, divulgando o assunto e, consequentemente, protegendo a população.

O aplicativo consiste em alertar e reduzir a poluição e exposição dos possíveis HPA evitando assim a contínua contaminação na cadeia alimentar, possuindo conexão via satélite fornecendo leituras sobre densidade e temperatura das águas de Ilha Grande. Assim, notificações no aparelho celular irão informar ao pescador local acerca da poluição e exposição dos possíveis HPA evitando a contínua contaminação na cadeia alimentar. O aplicativo possuirá também área para dúvidas e contato com a equipe de desenvolvedores e consultoria.

O programa para celular será lançado em plataformas digitais e a equipe irá ao local e estabelecerá parceria para a divulgação no dia do lançamento, principalmente para conversar com a população local. A divulgação do serviço é importante, onde pretende-se disponibilizar banners de avisos, assim como serão instalados avisos nos relógios/displays publicitários próximos ao porto de embarque e desembarque visando o alerta diário.

Menu do aplicativo

O que é?	Mapa	Estatística	Ajuda	Quem somos
Resumo explicativo simples para todos compreenderem; Substâncias, contaminação e poluição; Malefícios curto e longo prazo; Ícone do "saiba mais" (explicação mais complexa e ampla).	Regiões confirmadas como afetadas; Regiões possivelmente afetadas; Regiões livres do HPA.	Atualização dos dados de área diariamente com alertas de locais afetados;	Área de consulta, feita para tirar dúvidas com especialistas através de contato direto (via chat no aplicativo) ou acessando um formulário FAQ.	Explicação sobre cada pesquisador e desenvolvedor do projeto, incluindo parcerias e financiamentos

Design do aplicativo

Imagem do aplicativo contendo a interface do programa, paleta de cores utilizada e logotipo do aplicativo.

Resultados esperados

Destaca-se a importância da propriedade intelectual na criação do aplicativo proposto, assim como seu registro e marca, visando disseminar o aplicativo para atender a necessidade socioambiental relatada neste capítulo.

Com o desenvolvimento deste aplicativo pretende-se focar no Monitoramento Ambiental Marinho para reportar a presença de óleo no mar e assim, poder emitir alertas às autoridades, órgãos ambientais competentes, empresas potencialmente envolvidas e à população como um todo. Adicionalmente, outros informes ambientais serão incluídos no aplicativo de modo a detectar outros fenômenos ou impactos no meio marinho. Este aplicativo servirá também para que a comunidade se sinta parceira e ativa no monitoramento ambiental, assumindo sua efetiva participação e contribuição, não apenas aguardando ações externas. Alguns resultados esperados:

- Divulgação e esclarecimento acerca dos HPA para a população local, tornando compreensivo o assunto e possíveis meios de contaminação;

- Desenvolvimento de metodologias de monitoramento de compostos policíclicos aromáticos e hidrocarbonetos totais de petróleo em matrizes ambientais da Baía da Ilha Grande;

- Conhecimento do grau de contaminação de frutos do mar e pescados típicos da região da BIG pela população;

- Incremento no conhecimento sobre os danos à saúde da população do consumo de frutos do mar e peixes típicos da região da BIG pela população;

- Gerar dados básicos acerca de vazamento de óleo associados às condições ambientais e alimentar, bancos de dados tais como SISBIO, OBIS e SiBBr, além de informações estratégicas para órgãos ambientais como INEA, PEIG, ICMBio, IBAMA, que subsidiem a tomada de decisões e o estabelecimento de protocolos de ação e Planos de Contingência, especialmente em relação ao risco de vazamentos de óleo e aos múltiplos usos da área marinha da região como estaleiros, áreas de fundeio, portos, marinas e áreas de cultivo/aquicultura, aliadas à proteção ambiental;

- Difundir à população o aplicativo de Monitoramento marinho como forma de gerar informação e de envolver a sociedade no monitoramento constante da diversidade marinha da região, além das condições ambientais observadas;

- Divulgação dos resultados obtidos à sociedade sob a forma de disponibilização de informações em podcasts, redes sociais, exposição de fotos ou outros tipos de atividades relacionadas à Extensão Universitária e à divulgação científica.

Referências Bibliográficas

Alvarado, J.J.; Herrera, B.; Corrales, L.; Asch, J., Paaby, P. 2011. Identificación de las prioridades de conservación de la biodiversidad marina y costera en Costa Rica. Rev. Biol. Trop. (Int. J. Trop. Biol.) 59(2): 829-842.

Bastos, M. & Callado C. H. 2009. O ambiente da Ilha Grande. Universidade do Estado do Rio de Janeiro, Centro de Estudos Ambientais e Desenvolvimento Sustentável, Rio de Janeiro: 562.

Creed J.C., Pires D.O., Figueiredo M.A.O. 2007a. Biodiversidade Marinha da Baía da Ilha Grande. Ministério do Meio Ambiente, Brasília: 417.

Creed J.C., Ramos R.A., Casares F.A., Oliveira A.E.S. 2007b. Características ambientais: Substrato da orla costeira. In Creed, J. C., D. O. Pires & M. A. O.

Figueiredo (eds), Biodiversidade Marinha da Baía da Ilha Grande. Ministério do Meio Ambiente, Brasília: 133–152.

EnvironmentCurrent and Further Implications, eds. Marcelo L. Larramendy & Sonia Soloneski, IntechOpen. DOI: 10.5772/60455

Fortunato H.F.M., Paula T.S.de, Esteves E.L., Muricy, G., Lôbo-Hajdu G. 2020. Biodiversity and structure of marine sponge assemblages around a subtropical island. Hydrobiologia, 847:1281–1299. DOI: 10.1007/s10750-020-04183-4

Gobi 2012. Global Ocean Biodiversity Initiative - Working Towards High Seas Conservation. Relatório. Disponível em http://www.gobi.org/Library/gobi-literature/brochure/view. Acessado em 30/09/2021.

Gregr E.J., Ahrens A.L., Perry R.I. 2012. Reconciling classifications of ecologically and biologically significant areas in the world's oceans. Marine Policy 36: 716–726

Johnsson R.M.F. & Ikemoto S.M. 2015. Diagnóstico do setor costeiro da Baía da Ilha Grande: Subsídios à elaboração do zoneamento ecológico-econômico costeiro. Instituto Estadual do Ambiente, Rio de Janeiro: 242.

Maritime New Zealand, 2020. The impact of oil on the environment. Disponível em https://www.maritimenz.govt.nz/public/environment/oil-impact.asp, acessado em 28/09/20212.

Ministério do Meio Ambiente - MMA, 2002. Avaliação e identificação de áreas e ações prioritárias para a conservação, utilização sustentável e repartição dos benefícios da biodiversidade nos biomas brasileiros. Brasília: MMA/SBF, 404 p.

NOAA (Office of Response and Restoration), 2020. The Toxicity of Oil: What's the Big Deal? Disponível em https://response.restoration.noaa.gov/about/media/toxicity-oil-whats-big-deal.html, acessado em 28/09/2021.

Saadoun I.M.K. 2015. Impact of Oil Spills on Marine Life. IN Emerging Pollutants in the

Walker T.R., Adebambo O., Feijoo M.C. Del A. , Elhaimer E., Hossain T., Edwards S.J., Morrison C.E., Romo J., Sharma N.,Taylor S., Zomorodi S., 2019. Chapter 27 - Environmental Effects of Marine Transportation. In: World Seas: an Environmental Evaluation (Second Edition), Editor: Charles Sheppard, Academic Press Ed., Pgs. 505-530. https://doi.org/10.1016/B978-0-12-805052-1.00030-9.

Zhang B., Matchinski E.J., Chen B., Ye X., Jing L. , Lee K., 2019. Chapter 21 - Marine Oil Spills—Oil Pollution, Sources and Effects. In: World Seas: an Environmental Evaluation (Second Edition), Editor: Charles Sheppard, Academic Press Ed., Pgs. 391-406. https://doi.org/10.1016/B978-0-12-805052-1.00024-3.

Capítulo 5

O papel do InovUERJ no avanço de depósitos de patentes na UERJ

Ana Claudia Dias de Oliveira

O Núcleo de Inovação Tecnológica (NIT) de uma instituição é a área que busca, apoia e dissemina o conhecimento, além de promover e assegurar uma cultura de inovação permanente. Os NITs devem buscar transformar o conhecimento científico em resultados práticos, através da orientação e articulação com os pesquisadores da instituição e seus parceiros de pesquisa e desenvolvimento.

Neste contexto, o InovUERJ foi criado em 2012 com o objetivo de criar e manter uma linha de comunicação direta, clara e produtiva entre a Academia e a sociedade. Os principais papéis do InovUERJ é: disseminar a cultura de Propriedade Intelectual, promover a inovação, fomentar a articulação, através de planejamento, orientação e criação de procedimentos para o desenvolvimento de produtos, processos e serviços inovadores. O Escritório de Propriedade Intelectual (EPI) é responsável pelo gerenciamento das criações e invenções científicas desenvolvidas por docentes ou técnicos da UERJ. O Escritório de Propriedade Intelectual realiza atividades como orientação, atendimento e acompanhamento dos processos relativos à proteção dos ativos intelectuais (patentes, marcas, modelos de utilidade, softwares, desenhos industriais e direitos autorais). A missão do Escritório de Propriedade Intelectual é buscar a devida proteção dessas criações ou invenções para os autores, inventores e para a UERJ.

A última Pesquisa de Inovação (PINTEC), que cobre o triênio 2015-2017, mostra que o cenário brasileiro de inovação ainda está caminhando a passos ainda muito lentos (IBGE, 2020). A taxa geral de empresas inovadoras ficou em 33,6%. Ou seja, apenas cerca de 1/3 das instituições consegue introduzir um produto no mercado ou implementar um processo. Durante o triênio estudado, o risco econômico excessivo foi o principal obstáculo apontado (identificado por 81,8% das instituições), seguido pelos elevados custos da inovação (79,7%), falta de pessoal qualificado (65,5%) e escassez de fontes de financiamento (60,4%).

Como confirmado pela PINTEC, a inovação ainda não conseguiu ser completamente absorvida e implementada no Brasil. Há um volume crescente de produção científica, mas ainda há escassez de inovações no mercado. A cultura de propriedade intelectual ainda é incipiente e há pouco incentivo à fixação de doutores em empresas. Além disso, há baixo envolvimento de universidades e empresas com a cultura patentária e um volume de projetos cooperativos pouco expressivos (OLIVEIRA, 2021).

Nas universidades, as inovações surgem a cada dia, e com isso surge a necessidade ainda mais urgente de apoio pelos Núcleos de Inovação Tecnológica ou Agências de Inovação. Os NITs podem apoiar os pesquisadores de diversas formas, através da busca, do apoio e da disseminação de conhecimento, através da promoção de uma cultura de inovação permanente e através da transformação do conhecimento científico em resultados práticos.

Neste contexto, o objetivo deste trabalho foi apresentar como funciona a interação entre a área de patentes do InovUERJ e os pesquisadores e funcionários da UERJ para avaliação técnica e patentária de seus produtos e processos.

InovUERJ e as patentes

Na área de patentes, o InovUERJ auxilia pesquisadores e funcionários através da prospecção tecnológica de patentes e de artigos científicos, avaliação patentária de invenções propostas, análise de mercado e observação da concorrência, apoio à criação de parcerias estratégicas, apoio na elaboração de contratos entre empresas e universidades, auxílio na elaboração de projetos para captação de recursos, aplicação de técnicas direcionadas ao setor específico da instituição, e, finalmente, capacitações em prospecção tecnológica, elaboração de projetos, criação de banco de ideias, inovações da bancada e do campo ao mercado, redação de patentes e técnicas de negociação.

O incentivo às parcerias pode ocorrer através da interação entre a instituição e o mercado e através da disponibilização de informações sobre as pesquisas em desenvolvimento na instituição que possam ser de interesse das indústrias. Além disso, podem ser criados bancos de know-how, nos quais os pesquisadores podem disponibilizar suas habilidades nos diferentes setores de interesse, bancos de projetos de pesquisa, os quais poderão conter pesquisas ainda na fase embrionária para possíveis parcerias e um banco de prestação de serviços, no qual os pesquisadores podem inserir testes e uso de equipamentos em parceria com a indústria.

Etapas para interação e redação de patentes de invenção e de modelo de utilidade

A primeira etapa desse processo de interação é receber o pesquisador e explicar os trâmites para recebimento e avaliação da tecnologia ou do processo proposto. Para segurança do pesquisador (inventor), é enviado um Termo de confidencialidade, que será preenchido e assinado pelos inventores e pelo responsável pela redação das patentes. A partir desse termo preenchido e assinado, as informações sobre a invenção são enviadas para o responsável pela redação das patentes. Essas informações são importantes para a compreensão da totalidade da invenção e para o levantamento de dúvidas sobre o produto ou processo pleiteado. Para tanto, podem ser agendadas reuniões presenciais ou virtuais entre a redatora e os inventores. Adicionalmente, os inventores devem enviar ao InovUERJ o Contrato de Parceria e os documentos dos inventores e das instituições parceiras, se houver, contendo o percentual no caso de recebimento de royalties pelo licenciamento da patente.

Pela lei de propriedade industrial (LPI) brasileira, lei nº 9.279/96, podem ser protegidos por patentes de invenção, os produtos e processos tecnológicos de todas as áreas da universidade, desde que preencham os requisitos de patenteabilidade que são novidade, atividade inventiva e aplicação industrial, e as condições de patenteabilidade que são unidade de invenção, suficiência descritiva e clareza e precisão das reivindicações (BRASIL, 1996). Da mesma forma, é patenteável como modelo de utilidade o objeto de uso prático, ou parte deste, suscetível de aplicação industrial, que apresente nova forma ou disposição, envolvendo ato inventivo, que resulte em melhoria funcional no seu uso ou em sua fabricação. O conceito de novidade utilizado no Brasil é o conceito de novidade absoluta, ou seja, a tecnologia pleiteada precisa ser nova mundialmente, até a data de depósito no Brasil ou de sua prioridade. Isso significa que a invenção será nova quando não estiver acessível ao público antes da data de depósito do pedido de patente, por descrição escrita ou oral, por uso ou qualquer outro meio, no Brasil ou no exterior. A invenção será dotada de atividade inventiva sempre que, para um técnico no assunto, não decorra de maneira evidente ou óbvia do estado da técnica. O modelo de utilidade é dotado de ato inventivo sempre que, para um técnico no assunto, não decorra de maneira comum ou vulgar do estado da técnica. Essa obviedade (ou vulgaridade) deve ser analisada pelo responsável pela busca e avaliação patentária da tecnologia pleiteada. A invenção e o modelo de utilidade são considerados suscetíveis de aplicação industrial quando puderem ser utilizados ou produzidos em qualquer tipo de indústria. Para que exista a condição de patenteabilidade conhecida como unidade de invenção, é necessário observar se o pedido de patente se refere a uma única invenção ou a um grupo de invenções inter-relacionadas, de maneira a apresentarem um único conceito inventivo. A suficiência descritiva, apesar de ser uma condição de patenteabilidade e não um requisito, é de extrema importância e sua ausência, ou seja, a insuficiência descritiva, tem sido uma das principais causas de indeferimento de pedidos de patentes no INPI. Para que apresente suficiência descritiva, o pedido de patente deve estar suficientemente descrito no relatório descritivo, de forma clara e completa, de modo a permitir sua reprodução por um técnico no assunto, devendo conter condições suficientes que garantam a concretização da invenção e, indicar, quando for o caso, a melhor forma de execução. Finalmente, para que seja confirmada a clareza e precisão das reivindicações, é necessário que as reivindicações sejam fundamentadas no relatório descritivo, caracterizando as particularidades da invenção e definindo a matéria objeto de proteção.

Deve-se levar em consideração, ainda, o que não é considerado invenção pela LPI e as matérias não patenteáveis no Brasil para elaboração da estratégia de proteção. O artigo 10 da LPI diz que não é considerada invenção nem modelo de utilidade: I - descobertas, teorias científicas e métodos matemáticos; II - concepções puramente abstratas; III - esquemas, planos, princípios ou métodos comerciais, contábeis, financeiros, educativos, publicitários, de sorteio e de fiscalização; IV - as obras literárias, arquitetônicas, artísticas e científicas ou qualquer criação estética; V - programas de computador em si; VI - apresentação de informações; VII - regras de jogo; VIII - técnicas e métodos operatórios ou cirúrgicos, bem como métodos terapêuticos ou de diagnóstico, para aplicação no corpo humano ou animal; e IX - o todo ou parte de seres vivos naturais e materiais biológicos encontrados na natureza, ou ainda que dela isolados, inclusive o genoma ou germoplasma de qualquer ser vivo natural e os processos biológicos naturais. O artigo 18 da LPI diz que não são patenteáveis: I - o que for contrário à moral, aos bons costumes e à segurança, à ordem e à saúde públicas; II - as substâncias, matérias, misturas, elementos ou produtos de qualquer espécie, bem como a modificação de suas propriedades físico-químicas e os respectivos processos de obtenção ou modificação, quando resultantes de transformação do núcleo atômico; e III - o todo ou parte dos seres vivos, exceto os micro-organismos transgênicos que atendam aos três requisitos de patenteabilidade - novidade, atividade inventiva e aplicação industrial - previstos no art. 8º e que não sejam mera descoberta.

É interessante mostrar aos pesquisadores da universidade que inovar não é uma tarefa simples e não é um processo linear. Depende de um conjunto de recursos, de constante avaliação e de um ambiente que facilite a identificação de oportunidades e a implementação de novas ideias. A instituição deve sempre fomentar essa geração de ideias por parte dos pesquisadores.

É de extrema relevância também mostrar aos pesquisadores da instituição, as vantagens do uso do sistema de patentes como fonte de informação tecnológica ao longo da vida acadêmica. A maioria das tecnologias que está no mercado só tem divulgação por meio de patentes, mas há coleções de documentos nas bases de busca dos escritórios de patentes com acesso total aos documentos completos por meio eletrônico. As informações sobre os produtos e processos de interesse estão descritas de forma bem detalhada nos documentos de patentes.

Outro ponto importante é mostrar ao pesquisador da instituição que o projeto pode estar em qualquer fase do desenvolvimento para ser protegido. Não é necessário ser um projeto digno de Prêmio Nobel para ter sua patente concedida nem estar na linha de produção de uma grande indústria. Basta cumprir os requisitos de patenteabilidade, ou seja, ser novo, apresentar inventividade e ser passível de aplicação industrial.

A segunda etapa é a busca de anterioridades da invenção. Através das informações recebidas, o responsável pela redação da patente deve fazer uma busca de anterioridades nos bancos de patentes e de artigos científicos sobre o objeto pleiteado pelo pesquisador. Mesmo que o inventor nunca tenha "ouvido falar" de algo e/ou nem tenha visto no mercado, não significa que a invenção a ser patenteada não exista. A patente tem proteção territorial, porém, para que determinada invenção seja patenteada, a mesma deve ser novidade no mundo inteiro.

A busca de anterioridades pode ser feita em bases de patentes gratuitas como Espacenet (Escritório Europeu de Patentes - https://worldwide.espacenet.com/), USPTO (Escritório Norte-Americano de Marcas e Patentes - https://www.uspto.gov/patents/search), PatentScope (Organização Mundial da Propriedade Intelectual - https://patentscope.wipo.int/) e Google Patents (www.google.com.br/

patents/). Para visualizar a situação atual das patentes brasileiras, deve-se fazer buscas na base de dados de patentes do Instituto Nacional da Propriedade Industrial (INPI - https://busca.inpi.gov.br/pePI/).

As buscas podem ser feitas por meio de palavras-chaves, classificação de patentes, nome do titular, nome dos inventores, país, data de depósito e data de publicação. Os inventores, que são os especialistas na matéria que se deseja obter proteção, podem auxiliar bastante dando dicas de palavras-chaves alternativas e específicas do setor para que seja feita uma busca bem feita. Algumas bases de dados permitem busca nas reivindicações, como o PatentScope, o que é bem interessante porque permite visualizar as patentes que reivindicam o mesmo objeto de proteção pleiteado. É importante estar atento ao período de sigilo de 18 meses contados da data de depósito.

A terceira etapa é enviar para os inventores os documentos com tecnologias semelhantes, encontrados na busca de anterioridades, para análise e diferenciação entre a invenção proposta e as tecnologias existentes no estado da arte. A partir dos resultados encontrados na busca de anterioridades, é elaborada uma estratégia de proteção para redação do quadro reivindicatório do pedido de patente. Essa estratégia de redação do quadro reivindicatório deve ser executada pensando no mercado de interesse dos inventores e da instituição, ou seja, se a tecnologia será protegida no Brasil ou se há outros mercados externos de interesse. Se apenas o mercado brasileiro for de interesse, o depósito será feito no INPI. Caso haja interesse em outros mercados, o pedido de patente poderá ser depositado através do Tratado de Cooperação em Matéria de Patentes (PCT). O PCT trata de um depósito internacional, entretanto é importante ressaltar que, após determinado período, será necessário entrar em fase nacional em cada país no qual se deseja a proteção e atender a legislação local.

A quarta etapa é a redação do pedido de patente. O pedido de patente deve ser redigido com base nas informações enviadas pelos inventores, pelas informações encontradas na busca de anterioridade e pela diferenciação das tecnologias existentes no estado da arte.

O pedido de patente deve ser compreendido pelas seguintes partes: resumo, relatório descritivo, reivindicações e, se for o caso, listagem de sequências biológicas e/ou desenhos. Em 2021, o INPI publicou o novo Manual Básico para Proteção de Patentes (INPI, 2021), que traz todas as especificações de um pedido de patente e dicas para o processo de depósito no INPI. As folhas do relatório descritivo, reinvindicações, desenhos e resumo deverão ser numeradas consecutivamente, com algarismos arábicos, indicando o número da página e o número total de páginas, de cada uma dessas partes (1/3, 1 de 3, 1-3) e não devem ultrapassar 30 linhas por folha. O resumo contém uma descrição do objeto pleiteado no pedido de patente, mas deve incluir as características técnicas, a solução trazida pelo inventor e seus usos. O relatório descritivo deve trazer bem estruturado o problema existente e a solução técnica trazida pela invenção, além de demonstrar a novidade, os efeitos técnicos alcançados e as vantagens em relação ao que existe no estado da arte. Os desenhos, se houver, devem ser apresentados em arquivo diferente e numerados consecutivamente. A descrição dos desenhos deve ser feita dentro do relatório descritivo. O quadro reivindicatório é a parte mais importante de um pedido de patente e deve ser formulado de forma estratégica, pois será ele que dará a extensão da proteção conferida pela patente. Mas as reivindicações devem estar fundamentadas no relatório descritivo para que o pedido tenha suficiência descritiva. As reivindicações serão formuladas começando pelo título ou parte dele (preâmbulo), seguido da expressão *caracterizado por*, e depois pelas características técnicas essenciais que se deseja proteger. Há dois tipos de reivindicações: as reivindicações independentes e as reivindicações dependentes. As reivindicações independentes são as principais reivindicações de uma patente. São aquelas que visam a proteção de características técnicas essenciais e específicas da invenção, ou do modelo de utilidade. As reivindicações dependentes, por sua vez, são reivindicações relacionadas às reivindicações principais, porém servem para detalhar ainda mais as características da invenção ou do modelo de utilidade. As reivindicações dependentes devem conter, ainda, a expressão "de acordo com a reivindicação n° x" para indicar qual é a reivindicação principal a qual está ligada. Por exemplo, uma reivindicação independente da área farmacêutica pode ser escrita como "1. Composição farmacêutica tópic caracterizada pelo fato de compreender combinação de: (a) metotrexato, um de seus sais ou seus hidratos farmaceuticamente aceitáveis; (b) alfa-bisabolol; (c) alantoína; e (d) excipientes farmaceuticamente aceitáveis.". A reivindicação dependente desta poderia ser escrita como "2. Composição farmacêutica, de acordo com a reivindicação 1, caracterizada pelo fato de o metotrexato ser na forma monohidratada.". Após a finalização da minuta dos arquivos, os mesmos devem ser enviados aos inventores para contribuições, acréscimos ou exclusões e para a revisão final.

A quinta etapa é o depósito propriamente dito, que deve ser feito de forma eletrônica no site do INPI, no sistema e-patentes (https://gru.inpi.gov.br/peticionamentoeletronico/). Para depósito, deve ser efetuado o cadastro da instituição (ou do inventor independente, se for o caso) no e-INPI, obtendo login e senha. Deve-se consultar a Tabela de Retribuições de Patentes disponível no portal do INPI para ter certeza do valor e do tipo de serviço. Deve ser gerada e paga a Guia de Recolhimento da União (GRU) de acordo com o serviço utilizado, e, em seguida, deve ser preenchido o formulário de depósito do pedido de patente e devem ser anexados os arquivos referentes ao resumo, relatório descritivo, reivindicações e desenhos, se houver.

A partir do depósito, os pedidos de patente devem ser monitorados para que os prazos administrativos sejam corretamente cumpridos até a decisão de mérito quanto ao deferimento e concessão da patente. As patentes de invenção terão validade de 20 anos contados da data de depósito (ou da prioridade) e as patentes de modelo de utilidade terão vigência de 15 anos contados da data de depósito no INPI (ou da prioridade).

As principais etapas do processo de um pedido de patente após depósito e o responsável são: Apresentação dos documentos de depósito (instituição depositante), Cadastramento no INPI (INPI) (Despacho 2.10), Exigência formal (se houver) (INPI) (Despacho 2.5), Resposta às exigências formais (se houver) (instituição depositante), Protocolização do depósito (Despacho 2.1) (INPI), Publicação do Pedido de Patente (Despacho 3.1 ou 3.2 se for antecipada) (INPI), Início do pagamento das anuidades de pedido de patente (instituição depositante), Requerimento de exame (instituição depositante), Exigência do exame técnico (se houver) (Despacho 7.1) (INPI), Manifestação ou resposta às exigências (instituição depositante), Decisão do pedido de patente – deferimento (Despacho 9.1) ou indeferimento (Despacho 9.2) (INPI), Solicitação da Carta Patente (instituição depositante) e Expedição da Carta Patente (Despacho 16.1) (INPI). Caso seja indeferido, ainda cabe Recurso contra o indeferimento (Despacho 12.2), que deve ser protocolado pela instituição depositante.

O monitoramento constante das patentes evita que a instituição cometa erros comuns em estratégias de proteção. Muitos desses erros são cometidos por falta de conhecimento em Propriedade Intelectual, contratos e negócios, depósito prematuro ou tardio por falta de comunicação com os inventores, mapeamento tecnológico insuficiente ou elaboração de quadros reivindicatórios inadequados (restritos demais ou amplos demais).

Para que esse monitoramento seja feito de forma adequada, o InovUERJ identifica as tecnologias de interesse através dos pesquisadores da UERJ, faz as buscas de anterioridades para cada tecnologia identificada, analisa as patentes que tenham tecnologias similares, diferencia da tecnologia proposta pelo pesquisador da universidade, encontra as fragilidades e os acertos das patentes com tecnologias semelhantes

Através de reuniões e eventos periódicos com os pesquisadores da instituição e de ações de apoio como as citadas anteriormente, é possível criar e manter um ambiente propício à inovação, em que haja um ciclo de geração de ideias e criação e proteção de novos produtos e processos, além da atração de parcerias e projetos cooperativos.

A disseminação de uma cultura de Propriedade Intelectual em uma instituição como a UERJ, com pesquisadores super capacitados e engajados, traz redução de riscos pela proteção legal das pesquisas e pela não infringência de patentes de terceiros, além de propiciar a redução de custos, com a manutenção da efetividade do Portfólio de PI e a redução de cortes de projetos internos por falta de orçamento, fazendo com que os projetos desenvolvidos estejam com a estratégia de proteção alinhada ao planejamento estratégico da universidade.

Referências

BRASIL. Lei nº 9.279 de 14 de maio de 1996. Regula direitos e obrigações relativos à propriedade industrial. Disponível em: http://www.planalto.gov.br/ccivil_03/leis/l9279.htm Acesso em 05.07.2021.

Instituto Brasileiro de Geografia e Estatística (IBGE). Pesquisa de Inovação (PINTEC), 2017. Disponível em: https://biblioteca.ibge.gov.br/index.php/biblioteca-catalogo?view=detalhes&id=2101706 Acesso em 05.07.2021.

Instituto Nacional da Propriedade Industrial (INPI). Manual Básico para Proteção por Patentes de Invenções, Modelos de Utilidade e Certificados de Adição. Disponível em: https://www.gov.br/inpi/pt-br/servicos/patentes/guia-basico/ManualBsicodePatentes20210607b.pdf Acesso em 05.07.2021.v

Oliveira, A.C.D. O papel dos Núcleos de Inovação Tecnológica na Biotecnologia. Simpósio de Ciência, Tecnologia e Inovação em Biotecnologia. Abril de 2021. Disponível em: http://www.vitalbrazil.rj.gov.br/biotecnologia/ Acesso em 05.07.2021.

Capítulo 6

Melhores Práticas de Direito de Imagem e Propriedade Intelectual para a Preservação e Compartilhamento de acervos

Bianca Gama Pena – UERJ
Rita Pinheiro-Machado - INPI

Este capítulo apresenta os resultados da pesquisa referente ao estágio Pós-Doutoral de Bianca Gama, idealizadora do projeto eMuseu do Esporte, durante a realização da temporada do eMuseu 2021/2022. A pesquisa foi coordenada pela Profa. Dra Rita Pinheirocom a participação da Profa. Dra. Patricia Peralta, e foi desenvolvida no Instituto Nacional da Propriedade Industrial - INPI. A pesquisa consistiu na identificação das melhores práticas dos possíveis trabalhos colaborativos entre Museus do Esporte de países diversos para a identificação, catalogação, seleção, reprodução, divulgação e proteção de propriedade intelectual (PI)[1]bem como direito de imagem, extensivo ao público consumidor de eventos e momentos desportivos relevantes.

Desta forma, o capítulo foi dividido em 3 seções, a primeira dividida em 3 momentos conforme descrito abaixo:

Momento1: Pesquisa qualitativa com roteiro semiestruturado realizada de março a agosto de 2021;

[1] A propriedade intelectual engloba todasas criações do homem: invenções, obras literárias e artísticas, símbolos, nomes, imagens, desenhos e modelos utilizados no comércio. E se divide em três grandes áreas: Propriedade Industrial (patentes incluindo as implementadas por software, marcas, desenho industrial, indicações geográficas), Direito Autoral (obras literárias e artísticas, programas de computador, domínios na Internet e cultura imaterial) e Proteção *Sui generis* (topografia de circuito integrado, conhecimento tradicional e patrimônio genético associado, cultivares).

Momento 2: Avaliação como observadora das iniciativas digitais de 5 Museus Olímpicos a partir de relatos no evento "Assembleia geral da Rede de Museus Olímpicos" realizado pelo Comitê Olímpico Internacional (COI) no dia 27 de novembro de 2021;

Momento 3: Experiência prática para a criação dos museus virtuais de 5 clubes de futebol no Brasil no período de março a outubro de 2021.

Nos 3 momentos de coleta de informações a observação foi pautada nos protocolos utilizados, normas e tecnologias adotadas bem como padrões de proteção de propriedade intelectual, direito de imagem e cooperação internacional realizados.

A segunda seção apresenta os registros de proteção de ativos do eMuseu do Esporte.

A terceira seção apresenta os documentos criados como produto da pesquisa.

Materiais e métodos e Resultados

Material e método

A coleta de dados se deu a partir de 3 momentos diferentes, conforme Quadro 1, e que em conjunto, contribuíram para a identificação das melhores práticas.

Momento 1: Pesquisa qualitativa com roteiro semiestruturado.

A coleta de dados foi feita por meio de envio online do questionário para autopreenchimento dos responsáveis dos Museus selecionados (Anexo I). Estes receberam um *release* do projeto com uma carta convite por e-mail para participação da pesquisa contendo detalhes do estudo e a importância de sua participação.

O roteiro semiestruturado, aprovado pelo comitê de ética da Universidade do Estado do Rio de Janeiro, foi sobre os protocolos utilizados, normas e tecnologias adotadas, bem como padrões de proteção de propriedade intelectual, direito de imagem e cooperação internacional realizados. Os participantes assinaram o termo de consentimento livre esclarecido da pesquisa autorizando o uso dos dados informados.

Os 5 museus que participaram dessa etapa do estudo, 3 internacionais e 2 nacionais, foram:

1. Barcelona Olympic Museum, Espanha
2. Tokyo Olympic Museum, Japão
3. Museo del Deporte "Pierre de Coubertin", Argentina, Córdoba
4. Museu do Futebol, Brasil, São Paulo
5. Museu do Clube Chapecoense, Brasil, Santa Catarina

Resultados:

A partir da técnica da análise de conteúdo (Bardin, 2010) avaliamos os 5 questionários recebidos. Três museus mostraram possuir iniciativas digitais. O Museu Olímpico de Barcelona, o Museu do Futebol e o Museu virtual da Chapecoense.

O Museu Olímpico de Barcelona, apresentou uma plataforma de organização e catalogação de seu acervo de forma digital, porém não há compartilhamento deste com outros museus olímpicos. Todo o acervo digital também não é compartilhado com o público.

Há um relato importante no questionário por parte do gestor do museu de Barcelona, quando menciona a necessidade de se ter uma plataforma de repositório digital de acervos para comunicação e intercâmbio entre os museus olímpicos de forma a se ter um centro de memória único e compartilhado.

O Museu virtual do Clube Chapecoense não possui um museu físico do clube, porém, através da parceria com o eMuseu do Esporte, uma plataforma virtual para criação de museus e galerias virtuais, criou seu museu virtual e a partir daí iniciou-se uma catalogação digital de fotos e vídeos bem como possibilitou tornar seu acervo acessível ao público (PENA, 2020a; PENA, 2020b; PENA,2021a; PENA, 2021b).

Para a criação de seu museu virtual foi necessário um arcabouço legal, primeiro um contrato com o eMuseu autorizando o eMuseu a tornar público seu acervo e realizar alguns ajustes necessários. Em um segundo momento o eMuseu do Esporte compartilhou com o clube alguns instrumentos jurídicos para que o clube pudesse utilizar as imagens e vídeos, inclusive dos atletas vítimas do acidente de avião. Nesse caso, o clube teve que ter o direito de uso de imagem assinado pelos familiares das vítimas.

Já o Museu do Futebol possui uma iniciativa de digitalização, catalogação e parte do seu acervo está na plataforma do *Google and Culture*. Os compartilhamentos de alguns objetos físicos são efetuados em forma de empréstimo, tanto de seus acervos como recebem de outras entidades. Utilizam documentos para proteção de dados, como termo de responsabilidade, de empréstimo, compartilhamento de imagens e direitos autorais, de propriedade, voz e imagem.

O museu de Córdoba e o Museu Olímpico de Tóquio não possuem iniciativas digitais, tampouco de catalogação e preservação de sua memória assim como não apresentaram formas de compartilhamento de acervo.

Para melhor visualização criamos 4 categorias de análise dos questionários para observação da ocorrência e da não ocorrência de determinadas atividades por parte dos museus, são elas: 1. Digitalização e catalogação dos acervos; 2. Compartilhamento dos acervos entre os museus ou outras entidades, sendo os acervos físicos ou digitais; 3. A acessibilidade ao público; e, 4. A utilização de documentos e protocolos de propriedade industrial (PI). Sendo assim, apresentamos o resumo da análise da aparição ou não dessas 4 categorias no Quadro 1.

Quadro 1: Resumo dos Resultados dos Questionários

Museus	Digitalização e catalogação	Compartilhamento	Acessibilidade ao público – Museu virtual	Protocolos de PI*
Museu Olímpico de Barcelona/ Espanha	Sim	Não	Não	Não
Museu do Futebol, São Paulo, Brasil	Sim	Sim	Sim	Sim
Museu do Clube Chapecoense, Chapecó, Brasil	Sim	Sim	Sim	Sim
Museo del Deporte "Pierre de Coubertin", Córdoba, Espanha	Não	Não	Não	Não
Museu Olímpico de Tóquio, Japão	Não	Não	Não	Não

Fonte: A autora, a partir dos dados levantados. *PI – Propriedade Intelectual

Momento 2: Avaliação como observadora das iniciativas digitais de 5 Museus Olímpicos no evento "Assembleia geral da Rede de Museus Olímpicos" realizado pelo Comitê Olímpico Internacional (COI).

O evento ocorreu no dia 27 de novembro de 2021 e contou com a participação de 37 museus olímpicos que compõem a Rede Internacional de Museus do Comitê Olímpico Internacional (COI). Cabe destacar que, apesar do eMuseu do Esporte do Brasil, ainda não fazer parte desse seleto grupo, ele foi convidado junto com o Museu Olímpico de Marrocos na África e o Museu Olímpico de Lake Placid em Nova York nos Estados Unidos, para participação como Observador e para apresentar suas respectivas experiências.

1. U.S. Olympic and Paralympic Museum, Colorado Springs, USA
2. Athens Olympic Museum, Athens, Grécia
3. The Sports Foundation of Finland, Helsinki, Finlândia
4. Qatar Olympic and Sports Museum, Doha, Qatar
5. Estonian Sports and Olympic Museum, Tartu, Estonia

Resultados:

Importante relatar que dos 37 museus olímpicos da rede internacional de museus do COI, apenas 5 apresentaram suas iniciativas durante a Assembleia Geral. Fato este que nos leva a considerar que as ações digitais, seja para preservação, seja para divulgação a partir de museus virtuais, ainda são incipientes. Considerando o momento pandêmico vivido por todas as Nações desde o início de 2020 que potencializou o mundo digital na vida de todos, o número de experiências discutidas foi muito pequeno.

Todos os 5 museus mostraram sua página na internet para visualização de seu catálogo digital de acervos e visitas virtuais. Não foi apresentada qualquer iniciativa de compartilhamento dos seus acervos físicos ou digitais, bem como alusão ao uso de estratégias de proteção de propriedade intelectual, direito de imagem e cooperação internacional. Apesar de termos nesse pequeno grupo, países como Estados Unidos, Finlândia, por exemplo.

Durante as apresentações foi possível questionar os palestrantes sobre a utilização ou não de documentos legais de proteção de uso de imagens, apenas o Museu dos EUA se posicionou dizendo possuir parceria com confederações para ter o direito de usar as imagens dos atletas.

O convite feito pelo COI ao eMuseu do Esporte para expor sua plataforma, ainda que ele não faça parte da Rede, foi muito relevante por ter destacado a essência digital do seu DNA, como apontado pela mediadora do evento se referindo a iniciativa do Brasil.

Além da importância para o eMuseu do Esporte, a participação tanto como observadora como palestrante, foi muito relevante para esta pesquisa, por reconhecerem esta iniciativa como pioneira e inédita. O motivo de atribuir a esta pesquisa o convite para participar desse evento se dá porque foi por meio do contato para responder ao questionário da pesquisa que os museus conheceram a iniciativa do eMuseu do Esporte e abriu essa possibilidade como desdobramento positivo da mesma.

Aspecto importante, e que computo como fundamental para o reconhecimento internacional, não só pela tecnologia utilizada, mas sobretudo pela organização de uma estratégia de uso do sistema de proteção intelectual, que foi desenvolvido a partir de uma necessidade na prática desta gestora e idealizadora do eMuseu do Esporte.

Momento 3: Experiência prática para a criação dos museus virtuais de 5 clubes de futebol no Brasil

Foram criados 5 Museus virtuais de clubes de futebol brasileiros, a saber:

1. Museu virtual do Clube de Futebol Coritiba, Brasil, Curitiba
2. Museu Virtual do Clube de Futebol Grêmio, Brasil, Porto Alegre
3. Museu Virtual do Clube de Futebol Fortaleza, Brasil, Fortaleza
4. Museu Virtual do Clube de Futebol Vasco da Gama, Brasil, Rio de Janeiro
5. Museu Virtual do Clube de Futebol Juventude, Brasil, Rio Grande do Sul

O objetivo de ter avaliado os clubes que ganharam seus museus virtuais se deu pela intenção de verificaras melhores práticas dos possíveis trabalhos colaborativos para a identificação, catalogação, seleção, reprodução, divulgação e proteção de propriedade intelectual previamente à criação da iniciativa digital.

Dos 5 clubes listados acima, quatro museus virtuais tinham sido lançados até o momento de realização da pesquisa, conforme os links de acesso a seguir.

- **Clube de Futebol Vasco da Gama: lançamento em 8 de setembro de 2021**
  https://expo3d.emuseudoesporte.com.br/3D/gallery/index.html?gallery=67&precache&language=pt_BR
- **Clube de Futebol Fortaleza: lançamento em 18 de outubro de 2021**
  https://expo3d.emuseudoesporte.com.br/3D/gallery/index.html?gallery=74&precache&language=pt_BR
- **Clube de Futebol Juventude: lançamento em 12 de novembro de 2021**
  https://expo3d.emuseudoesporte.com.br/3D/gallery/index.html?gallery=78&precache&language=pt_BR
- **Clube de Futebol Grêmio: lançamento em 28 de março de 2022**
  https://expo3d.emuseudoesporte.com.br/3D/gallery/index.html?gallery=96&precache&language=pt_BR

Resultados:

A experiência de criar o museu virtual dos clubes de futebol citados possibilitou conhecer os bastidores em relação à preservação da memória de cada clube. Nenhum deles possuía até então qualquer iniciativa de digitalização e catalogação de seu acervo. Por conta disso também não tinham formas estabelecidas de compartilhamento de seu acervo entre museus.

Foi observado também a não existência de acessibilidade de seus conteúdos ao público, tendo uma expressiva aceitação pela criação de seus respectivos museus virtuais. E por fim todos mostraram não possuir arcabouço jurídico de proteção de seus ativos.

O eMuseu mostrou ser uma inciativa apoiadora para municiar de instruções legais para que os clubes pudessem organizar seu acervo e dar acessibilidade para o público em geral, bem como ajustar seu conteúdo para deficientes auditivos e visuais. Reforçando a importância da organização de uma estratégia de uso das diferentes formas de proteção intelectual e da compilação de documentos fundamentais para o desenvolvimento de iniciativas desse tipo.

Em resumo, a pesquisa com os clubes contribuiu para o estudo em questão uma vez que, embora os clubes avaliados não tenham apresentado iniciativas quanto à identificação, catalogação, seleção, reprodução, divulgação e proteção de propriedade intelectual, a iniciativa digital mostrou-se favorável para o despertar dos clubes quanto à necessidade e à importância de preservação e compartilhamento de seu acervo, bem como proteção de direitos de uso de imagem no ato de tornar acessível ao público.

Seção 2: Registros de proteção de ativos como produto do estágio Pós-Doutoral

Marcas Registradas Pelo eMuseu do Esporte

Foram realizados dois pedidos de registro de marca, uma marca figurativa e outra mista. A primeira configura-se com o **"e"** separado, conforme marca e registro, sendo uma marca figurativa. A segunda marca é o **"eME - eMuseu do Esporte"**requerida como marca mista ou composta.

Quanto à marca figurativa do eMuseu, 6 classes foram requeridas para os registros de marcas pleiteados.

1. 919475850, para a marca figurativa, na classe internacional NCL 45.
2. 919475876, para a marca figurativa, na classe internacional NCL 28.
3. 919475930, para a marca figurativa, na classe internacional NCL 25.
4. 919475949, para a marca figurativa, na classe internacional NCL 16.
5. 919475965, para a marca figurativa, na classe internacional NCL 14.

6. 919475981, para a marca figurativa, na classe internacional NCL 09.

Quanto à marca mista, 8 classes foram registradas:

1. 919479111, para a marca mista**eME eMuseu do Esporte**, na classe internacional NCL 45, visando assinalar os mesmos serviços já comentados.

2. 919479162, para a marca mista**eME eMuseu do Esporte**, na classe internacional NCL 42, para identificar os mais diversos serviços, entre os mesmos desenvovimento e instalação de softwares.

3. 919479227, para a marca mista**eME eMuseu do Esporte**, na classe internacional NCL 41, para identificar serviços de entretenimento e ensino.

4. 919479278, para a marca mista**eME eMuseu do Esporte**, na classe internacional NCL 35, para identificar e diferenciar uma pletora de serviços e entre os mesmos, serviços de publicidade e propaganda.

5. 919479324, para a marca mista**eME eMuseu do Esporte**, na classe internacional NCL 25, diferenciando produtos de vestuário e calçados.

6. 919479359, para a marca mista**eME eMuseu do Esporte**, na classe internacional NCL 16, para identificar os mesmos serviços já descritos.

7. 919479430, para a marca mista**eME eMuseu do Esporte**, na classe internacional NCL 14, com o fito de diferenciar joias, bijuterias e relógios entre outros.

8. 919479456, para a marca mista**eME eMuseu do Esporte**, na classe internacional NCL 09, também, destinada a identificar os mesmos produtos já comentados para o registro da marca figurativa.

Quanto ao direito autoral, foi registrado o Software criado para a plataforma do eMuseu do Esporte.

Seção 3: Documentos criados como produto da pesquisa

A organização documental decorrente da estratégia de uso do sistema de proteção intelectual desenhado para as necessidades do eMuseu do Esporte, se deu ao longo do estágio Pós-Doutoral. Destaco dois momentos importantes do estágio para análise das necessidades dos documentos jurídicos e dos ativos passíveis de proteção:

1. Estudo dirigido realizado no período de 2 meses com o aluno de doutorado da Academia do INPI, Marcelo Nogueira, acompanhado pelas Profas. Patricia Peralta e Rita Pinheiro-Machado;

2. Participação como ouvinte na disciplina "Introdução à PI", ministrada no primeiro semestre de 2021.

A partir desses dois pontos iniciou-se a percepção 360º da necessidade de diferentes formas de proteção do eMuseu do Esporte, e com isso criamos um repositório digital com todos os documentos elaborados, para que outros museus possam ter acesso a modelos de documentos jurídicos para proteção dos diferentes tipos de propriedade intelectual envolvidos.

Considero que a falta de conhecimento no tocante à proteção jurídica, seja dos seus ativos, seja dos ativos dos detentores dos direitos, é o limitador das ações de compartilhamento de acervos, bem como à acessibilidade dos mesmos por parte dos museus.

Face ao exposto considero este compilado documental um significativo diferencial do eMuseu em comparação aos museus avaliados, bem como de extrema relevância dentre os produtos finais desta pesquisa, visto que agrega segurança jurídica para que museus possam compartilhar seus acervos e torná-los acessíveis ao público em geral.

Destaca-sea relação abaixo dos documentos:https://drive.google.com/drive/folders/19g5-h7az2jDkdD4PqDBiPLI-GRvpXbLp?usp=sharing

1. Convênio entre colecionadores
2. Termo de cessão de direito de uso de imagem e voz
3. Cessão de direito de compartilhamento de acervos (Hipóteses direitos autorais e direito de imagem)
4. Carta de autorização de imagem
5. Convênio com o ilustrador do mascote
6. Parecer Sobre Direito de Imagem para que os colecionadores possam utilizar acervos
7. Termo de confidencialidade
8. Cessão de direitos autorais

Conclusão

Sendo assim, para sintetizar os resultados da pesquisa, podemos considerar que os 3 momentos se apresentaram de forma complementar.

A pesquisa qualitativa com roteiro semiestruturado foi feita integralmente com museus físicos e observou-se a pouca expressividade no compartilhamento de acervos entre os museus. A partir daí percebeu-se a oportunidade de apresentar a iniciativa brasileira cuja essência sempre foi o compartilhamento de acervos entre museus e entidades esportivas.

A observação participativa no evento "Assembleia geral da Rede de Museus Olímpicos" com a apresentação da iniciativa digital brasileira validou as ações realizadas no tocante à identificação, catalogação, seleção, reprodução, divulgação e proteção de propriedade intelectual bem como direito de imagem.

A experiência com a criação dos museus virtuais de 5 clubes de futebol no Brasil mostrou como fazer essa transição do físico para o virtual possibilitando criar o repositório de documentos de boas práticas de PI para que qualquer entidade desejosa em proteger seus ativos possa utilizar os modelos propostos.

O eMuseu do Esporte mostrou ser um sustentador teórico e prático para que outros museus ganhem confiança para se lançar nessa direção.

Consideramos que a falta de conhecimento no tocante à proteção jurídica, seja o limitador das ações de compartilhamento de acervos.

Os documentos criados sugerem um guia de boas práticas para proteção das relações jurídicas.

Como perspectivas de futuro, ações híbridas, virtual e físicas, parecem potencializar as possibilidades de compartilhamento de acervos.

Referências Bibliográficas

ASCENSÃO, J. O. (1997). *Direito autoral.* Rio de Janeiro: Renovar.

BRASIL (1998). *Lei Federal 9.609, de 18 de fevereiro de 1998 (lei de software).* Dispõe sobre a proteção da propriedade intelectual de programa de computador, sua comercialização no País, e dá outras providências. b

BRASIL (1998). Lei nº 9.610, de 19 de fevereiro de 1998. Altera, atualiza e consolida a legislação sobre direitos autorais e dá outras providências. a

BRASIL (1996). *Lei Federal 9.279, de 14 de maio de 1996.* Dispõe sobre direitos e obrigações relativos à propriedade industrial.

BRASIL (1973). *Lei Federal nº 5.988, de 14 de dezembro de 1973.* Regula os direitos autorais e dá outras providências. Revogada pela Lei nº 9.610, de 1998, excetuando-se o art. 17 e seus §§ 1º e 2º.

FERNANDEZ-NÓVOA. C. (1977). *El uso obligatorio de la marca registrada.* ADI, 1976. Madrid: Montecorvo.

INPI. (2013). *A criação de uma marca*: uma introdução às marcas de produtos e serviços para as pequenas e médias empresas/ Instituto Nacional da Propriedade Industrial. – Rio de Janeiro.

LARGO GIL (2006), Rita. *Las marcas colectivas y las marcas de garantí*a. Navarra: Editorial Aranzadi.

LENCE REIJA, C. (2004). *La protección del diseño en el derecho español.* Madrid: Marcial Pons, 2004.

PANTALONY, R. E. (2017). *Gestão da propriedade intelectual em museus.* Brasília, DF: IBRAM.

PENA, B.& DACOSTA, L. (2020a). eMuseu do Esporte: origens e caminhos futuros. In: eMuseu do Esporte 2020. Pena, B., DaCosta, Miragaya, A. & Vilela, R. p. 4-21. 1. ed. - Rio de Janeiro, 2020. ISBN: 978-65-993425-3-0

PENA, B.; MACHADO, R.; PERALTA, P.; TELLES, S.; BRUNO, M.; DA-

COSTA, L. (2020b). Melhores práticas de direito de imagem e propriedade intelectual para a preservação e compartilhamento de acervos em Museus Olímpicos e de Esporte: uma proposta de pesquisa. *In*: *eMuseu do Esporte 2020*. Pena, B., DaCosta, Miragaya, A. & Vilela, R. 1. ed. Rio de Janeiro. ISBN: 978-65-993425-3-0

PENA, B. eMuseu do Esporte: um Case da Incubação Tecnológica na UERJ. (2021a). *In*: *A Inovação em Novos Tempos, realidade e Transformações*. Ritto, Antonio & Carvalho,

M. B. Rio de Janeiro: Editora Ciência Moderna Ltda, p. 93-102.ISBN: 978-65-5842-0392

PENA, B.; TELLES, S.C.; ELIAS, R.V.; MACHADO, R.; DACOSTA, L. P.; DE CARVALHO, M. B.; TURINI, M. (2021b). eMuseum of sports: Digital and televised media impact stemming from the virtual galleries and exhibitions. *Journal of Human Sport and Exercise*, 16 (1proc), p. 84-91. Disponível via https://doi.org/10.14198/jhse.2021.16.Proc1.08.

RAMELLO, G. (2006). What's in a sign? Trademark law and economic theory. *Journal of Economic Surveys*, v. 20, n. 4, p. 547–565.

SANTOS, M. J. P. dos. (2008). *A proteção autoral de programas de computador*. Rio de Janeiro: Lumen Juris.

SCHWEIBENZ, W (2004). The development of virtual museums. *ICOM News*, v. 57 n. 3. p. 3.

ZORICH, D. (2003). *Developing Intellectual Property Policies*: A How to Guide for Museums, Canadian Heritage Information Network, Governo do Canadá, Ottawa, 2003.

Anexo I: Roteiro Semiestruturado

Pesquisa: Melhores Práticas de direito de imagem e propriedade intelectual para a preservação e compartilhamento de acervos.

Você está sendo convidado a participar da pesquisa sobre melhores práticas de direito de imagem e propriedade intelectual para a preservação e compartilhamento de acervosda memória em Museus do Esporte.

O objetivo é identificar as iniciativas realizadas em relação à preservação da memória e compartilhamento de acervos, através da percepção do pesquisador entrevistado, para sugestão de protocolos que visem facilitar a cooperação sob o ponto de vista da troca de informações/tecnologias entre Museus do Esporte. Os resultados desta pesquisa irão gerar impacto positivo a partir da proposição de alternativas práticas e acessíveis financeiramente de preservação de memória em âmbito nacional e internacional de manifestações e temas relacionados aos Jogos Olímpicos e atividades congêneres, sobretudo envolvendo legados.

Sobre o entrevistado

1. Informe o nome e a cidade de seu Museu do Esporte: ________________
2. Nome do entrevistado: ____
3. Cargo do entrevistado: ____
4. Tempo do entrevistado no cargo: ____________________________
5. Responsabilidades do entrevistado: ____________________________

Sobre a gestão do Museu:

6. O Museu possui alguma iniciativa para preservação da memória?
   ( ) Sim ( ) Não
   Se sim. Comente sobre as iniciativas:

7. Existe algum site ou plataforma para consulta/exibição de seu acervo?
   ( ) Sim ( ) Não
   Se sim. Informe o local de acesso:

8. Há espaço no site ou plataformapara troca de informações/tecnologia do ponto de vista da memória?
   ( ) Sim ( ) Não
   Se sim. Como se apresenta esta troca de informações?
   Se não: Explique o porquê:

9. Seu Museu compartilha acervos com alguma entidade relacionada ao Olympic Studies Centre - IOC?
   ( ) Sim ( ) Não
   Se sim.
   a) Como se caracteriza esta parceria em termos institucionais?
   b) Existe algum protocolo/ instrução normativa para controle/compartilhamento/gestão deste intercâmbio de acervos?
      Se sim, quais são os protocolos?
      Se não:
   c) Explique o porquê:

10. Seu Museu compartilha acervos com algum Museu do Esporte?
    ( ) Sim ( ) Não
    Se sim.
    a) Como se desenvolveesta parceria?
    b) Existe algum protocolo/instrução normativa para controle/compartilhamento/gestão deste intercâmbio de acervos?
       Se sim, quais são os protocolos?
       Se não:
    c) Explique o porquê:

11. Existe o uso de tecnologias avançadas (realidade aumentada/ realidade virtual, etc) para preservação ou exposiçãoda memória de seu Museu?
    ( ) Sim ( ) Não
    Se sim
    a) Quais tecnologias são usadas?
    b) Há algum protocolo para orientar o uso destas tecnologias?

12. Possui algum tipo de protocolo(s)/documento(s) de propriedade intelectual?
    Se sim
    a) Qual(is) protocolo(s)/documento(s)?
    b) Há alguma orientação em relação a(aos) protocolo(s) em relação a propriedade intelectual?
       Se sim, quais orientações?

13. Tiveram algum tipo de problema(s)/desafio(s) de propriedade intelectual?
    Se sim
    a) Que tipo de problema(s)/desafio(s)?

14. Possui algum tipo de protocolo(s)/documento(s) utilizado referente ao direito de imagem?
    Se sim
    a) Qual(is) protocolo(s)/documento(s)?
    b) Há alguma orientação em relação a(aos) protocolo(s) de uso de direito de imagem?
       Se sim, quais orientações?

15. Tiveram algum tipo de problema(s)/desafio(s) referente ao direito de imagem?
    Se sim
    a) Que tipo de problema(s)/desafio(s)?

16. Quais os maiores desafios acerca da preservação da memória e compartilhamento dos acervos?

17. Quais as ações desejáveis, vistas como demandas, para esta área de preservação da memória e compartilhamento dos acervos?

18. Poderia listar casos de sucesso realizados pelo seu Museu ou de outra entidade em relação à preservação da memória e/ou compartilhamento de acervos com outras entidades?

Capítulo 7

Estratégias de Inovação em Processos Logísticos Sustentáveis: Proposta de Abordagem Triple Helix a Partir do Projeto Polis - Polímeros para Inclusão Social

Nelson Mendes Cordeiro
Úrsula Maruyama
Ronaldo Bernardo Júnior

RESUMO: As Órteses, Próteses e Materiais Especiais (OPME) são insumos utilizados na assistência à saúde e relacionados a uma intervenção médica, odontológica ou de reabilitação, diagnóstica ou terapêutica. A temática OPME é complexa e tem múltiplos atores e interesses envolvidos que se inter-relacionam. Em 2017, foram usados 2,3 milhões de órteses e próteses em procedimentos cirúrgicos no SUS. Além disso, foram investidos mais de R$ 37 milhões em pesquisa pelo Ministério da Saúde em 2018. Levando-se em consideração às restrições logísticas para aquisição de insumos importados desencadeadas com a pandemia da covid-19, este trabalho, por meio de pesquisa documental e bibliográfica, de natureza qualitativa e exploratória, objetivou identificar uma inovação de processo que propusesse uma aplicação socialmente justa, economicamente viável e ambientalmente sustentável na produção e distribuição OPME no Rio de Janeiro, a partir da perspectiva de inovação do conceito de Hélice Tripla.

Palavras-chave: OPME, Cadeia de Suprimentos, Responsabilidade Socioambiental, Hélice Tripla, Projeto POLIS.

ABSTRACT: Orthotics, Prostheses and Special Materials (OPME) are inputs used in health care and related to medical, dental or rehabilitation, diagnostic or therapeutic intervention. The OPME theme is complex and has multiple actors and interests involved that interrelate. In 2017, 2.3 million orthoses and prostheses were used in surgical procedures in the SUS. In addition, more than R$ 37 million were invested in research by the Ministry of Health in 2018. Taking into account the logistical restrictions for the acquisition of imported inputs triggered by the covid-19 pandemic, this work, through documentary research and bibliographical, qualitative and exploratory in nature, aimed to identify a process innovation that proposed a socially fair, economically viable and environmentally sustainable application in OPME production and distribution in Rio de Janeiro, from the perspective of innovation of the Triple Helix concept.

Keywords: OPME, Supply Chain Management, Social and Environmental Responsibility, Triple Helix, POLIS Project.

7.1. Introdução

A fila para pacientes conseguirem uma prótese no Instituto de Traumatologia e Ortopedia (INTO), na Zona Portuária do Rio, ultrapassa 12,5 mil pessoas, segundo dados da Defensoria Pública da União (SÁ, MARTINS, 2019). Segundo Ministério da Saúde (BRASIL, 2018), há 527 procedimentos de órteses, próteses e materiais especiais no Sistema de Gerenciamento da Tabela de Procedimentos, Medicamentos e OPM do SUS (SIGTAP). Destes, 311 são órteses, próteses e materiais especiais relacionados para cirurgias (DMI), movimentando um mercado dentro da Administração Pública com impacto de R$ 1,25 bilhão de recursos federais.

Etzkowitz (2008) relembra que foi em meados do século 20, que surgiu o conceito de universidade empreendedora, agregando uma nova missão (além do ensino e da pesquisa), voltada ao desenvolvimento econômico e social. Segundo Renato

Dagnino (2003), a função da universidade no processo de inovação não está relacionada à sua própria capacidade de desenvolver pesquisa internamente e então transferir para as empresas, e sim em preparar profissionais que possam conduzir as atividades dos centros de pesquisa e desenvolvimento das empresas.

No entanto, de acordo com as palavras de Arbix e Consoni (2011, p. 233), "a universidade brasileira permanece insulada e carece de canais de ligação capazes de viabilizar a estreita sintonia com os esforços que faz o país para se desenvolver". Desta forma, a presente pesquisa coloca a seguinte questão: Como agregar valor à gestão de suprimentos hospitalares com enfoque social e sustentável por meio da parceria entre universidade-empresa-governo?

Escolheu-se como objeto deste estudo o Instituto de Traumatologia e Ortopedia (INTO), objetivando compreender uma melhor forma de configurar a inovação de processos na criação e distribuição de Órteses, Próteses e Materiais Especiais (OPME) baseada na responsabilidade socioambiental. Em relação ao método, optou-se pela pesquisa documental e bibliográfica, de natureza qualitativa e exploratória (GRAY, 2012).

Chesbrough (2003) aponta que o processo de inovação tem se tornado cada vez mais caracterizado por atividades em redes de cooperação, levando ao envolvimento e à participação interativa de múltiplos atores, tais como governos, empresas, universidades e usuários. O presente trabalho introduz o cenário das OPME, sua relação na cadeia logística hospitalar e integração com a responsabilidade socioambiental por meio da perspectiva do modelo da Hélice Tripla com a proposta do Projeto POLIS como protagonista desta inovação em processo.

7.2. Gestão das órteses, próteses e materiais especiais (OPME)

As Órteses, Próteses e Materiais Especiais (OPME) são insumos utilizados na assistência à saúde e relacionados a uma intervenção médica, odontológica ou de reabilitação, diagnóstica ou terapêutica. A temática OPME é complexa e tem múltiplos atores e interesses envolvidos que se inter-relacionam: pacientes, médicos, outros profissionais da saúde, fabricantes e fornecedores de insumos e hospitais, e cada qual assume sua parcela de responsabilidade na cadeia de utilização (BRASIL, 2016).

O Brasil possui 3.670 empresas entre fabricantes, importadores e distribuidores: o mercado nacional de dispositivos médicos implantáveis movimenta cerca de R$ 4 bilhões ao ano com impacto de R$ 1,25 bilhão de recursos federais. Em 2017, foram usados 2,3 milhões de órteses e próteses em procedimentos cirúrgicos no SUS (BRASIL, 2018).

Deve-se ressaltar que a aquisição deve ser de OPME legalmente registrada na Anvisa, conforme as disposições da Lei nº 6.360, de 23 de setembro de 1976. Além disso, espera-se que para uma Boa Gestão de OPME, os objetivos de um hospital devem considerar (BRASIL, 2016): segurança do paciente; eficiência operacional; redução de desperdício e variabilidade; relações comerciais e técnicas harmoniosas; oferta de uma boa relação custo-benefício para os produtos; eliminação do risco de glosas/atrasos no faturamento; alcance de confiança e resolubilidade.

Outra iniciativa realizada pelo Ministério da Saúde é monitoramento por meio dos grupos de trabalho a partir de estratégias específicas para coibir fraude no uso das órteses e próteses (BRASIL, 2018).

7.3. Cadeia de suprimentos na área hospitalar

As organizações vislumbram cada vez mais a integração das operações internas, deixando de lado a visão individualista em relação ao trabalho coordenado (BEN-DAYA et al., 2013). Chadha et al. (2012) descrevem a possível transformação quando a Gestão em Saúde Lean é adotada, fornecendo maneiras de entregar serviços de alta qualidade a custos mais baixos com base na mudança cultural e ferramentas de gestão da qualidade.

Assim, nas operações dos Sistemas de Gestão em Saúde, as atividades devem ter o maior valor agregado possível para o paciente, portanto, todas as atividades que não representem valor para o processo devem ser analisadas e removidas (MARTÍNEZ et al, 2014, 2017).

Bortolotti et al. (2015), Manzouri e Rahman (2013) confirmam que o gerenciamento enxuto (Lean) surge como uma alternativa eficaz para melhor auxiliar todo o desempenho operacional. Com base na filosofia e nas técnicas enxutas, cinco princípios são considerados: valor, cadeia de valor, fluxo, produção puxada e perfeição, para eliminação de desperdícios no processo produtivo. De acordo com Maruyama et al (2016), atividades cujo valor é muito baixo ou inexistente são consideradas 'desperdício' na metodologia enxuta que deve ser alocado num dos 'sete tipos de desperdício' descritos pelo método enxuto: superprodução, estoque, transporte, retrabalho, espera, sobre processamento, movimento.

A visibilidade do processo de gerenciamento da cadeia de suprimentos (SCM) vai além da maior disponibilidade do fluxo de informações, pois isso deve ser relevante (Figura 1). Nesse sentido, é necessário identificar quais processos são afetados pela falta de visibilidade e, a partir daí, fortalecer o fluxo de informações (CARIDI et al., 2014; REIS et al, 2017).

Figura 1 – Cadeia de produção hospitalar. Fonte: Brasil, Ministério da Saúde (2018)

Do estudo cruzado da literatura, Gorane e Kant (2014) associam as 'práticas da cadeia de suprimentos' (SCP) com as métricas de gestão da qualidade. Assim, a implementação bem-sucedida do SCP só pode ser verificada se o desempenho da organização for medido.

7.4. Responsabilidade socioambiental

Para Leff (2009), o território, é o 'locus' das demandas e dos protestos das pessoas para reconstruir seus modos de vida. Se a economia global constrói o espaço onde as sinergias negativas da degradação socioambiental evidenciam os limites do crescimento, no espaço local surgem as sinergias positivas da racionalidade ambiental e de um novo paradigma de produtividade ecotecnológica.

A distribuição ecológica designa as assimetrias ou desigualdades sociais, espaciais, temporais no uso que os humanos fazem dos recursos e serviços ambientais, comercializados ou não, isto é, a diminuição dos recursos naturais, incluindo a perda de biodiversidade, e o custo da contaminação (MARTINEZ ALIER, 1997).

Diante de estratégias de apropriação econômica e simbólica da natureza e da cultura, a ética ambiental propõe a revalorização da vida e dos seres humanos e não humanos. Guatarri (2012) revela que as formações políticas e as instâncias executivas parecem incapazes de apreender essa problemática no conjunto de suas implicações.

Descola (2016) defende que à primeira vista, poderíamos pensar que não há dificuldade em distinguir o que diz respeito à natureza do que diz respeito à cultura, mas que esta distinção nem sempre está tão simples, uma vez que a maior parte dos objetos que nos rodeiam, incluindo nós mesmos, encontra-se nesta situação intermediária: são naturais e culturais ao mesmo tempo. Assim, ao encontrar pessoas, observar os seus costumes, suas formas de fazer, de dizer; é necessário 'compreender a rotina do meio que se estuda'. A partir desta premissa é que buscou-se analisar a perspectiva da responsabilidade socioambiental neste estudo.

7.5. Gestão da inovação

O conceito de inovação, comumente confundido com o de criação ou invenção, revela-se nada trivial mesmo para especialistas e acadêmicos. O Manual de Oslo (OECD, 2005) considera a inovação sob cinco enfoques: inovação de produto; inovação de serviços; inovação como processo; inovação de marketing (mercado, vendas) e inovação organizacional.

De acordo com Gopalakrishnan e Damanpour (1997) as três dimensões básicas da inovação, as quais os pesquisadores de todos os campos mantêm um consenso sobre o conceito na inovação: (i) estágio do processo de inovação; (ii) nível de análise; (iii) tipo de Inovação. Segundo Tigre (2014), um aspecto essencial para o desenvolvimento tecnológico e a inovação é a exploração da vocação complementar observada na relação universidade-empresa (UE). O que seria necessário para realizar uma boa gestão onde os processos de inovação sejam identificados e reproduzidos?

A resposta, conforme registrado por alguns pesquisadores (EPSTEIN, DAVILA, SHELTON, 2006) apresenta 'sete regras básicas' para que se possa considerar uma boa gestão da inovação: sólida liderança sobre rumos e decisões de inovação; integrar a inovação à mentalidade do negócio; alinhar a inovação com a estratégia da empresa; administrar a tensão natural entre criatividade e captação de valor; neutralizar os 'anticorpos organizacionais'; cultivar uma rede de inovação além dos limites da organização; criar os indicadores de desempenho e as recompensas adequadas à inovação.

Como geradoras de inovação, entende-se como solução ou tomada de decisão a respeito de novos produtos ou processos, que podem ser divididos em cinco subetapas: geração da ideia, definição do projeto, solução de problemas, projeto e desenvolvimento, e comercialização. Já a adoção da inovação pode ser considerada como um processo de mudança organizacional a qual afeta diretamente os sistemas técnicos e sociais. Portanto, as organizações consideradas inovadoras podem estar comprometidas tanto na geração como na 'implementação' de inovações, ou ambas.

Lundvall (2007) afirma que o cerne dos Sistemas Nacionais de Inovação está na interação tanto das empresas entre si quanto das empresas com a infraestrutura de conhecimento existente em universidades e institutos de pesquisa tecnológica.

7.5.1. Modelo da Hélice Tripla

O modelo da Hélice Tripla surgiu em meados dos anos 1990, através dos trabalhos de Henry Etzkowitz e Loet Leydesdorff (1995), como metáfora de uma rede constituída a partir da cooperação entre os três principais atores do processo de inovação, a academia, as empresas e o governo, bem como suas relações em diferentes estágios do processo de geração e disseminação do conhecimento, fornecendo um caminho para melhorar as condições para a inovação na sociedade.

Enquanto o Triângulo Sábato (SÁBATO, 1968) e o Sistema Nacional de Inovação enfatizam, respectivamente, a importância da liderança do estado e das empresas nos processos de inovação, na abordagem da Hélice Tripla a inovação acontece na forma de relações interativas e recursivas entre os três entes, com a academia desempenhando um papel importante no processo de inovação, especialmente em sociedades cada vez mais baseadas no conhecimento.

7.6. Projeto POLIS - Polímeros para inclusão social

A pólis (πόλις) era o modelo das antigas cidades gregas, desde o período arcaico até o período clássico. Devido as suas características, este termo também é comumente utilizado como um sinônimo de cidade-Estado. Em sua concepção, as *poleis* (πόλεις) representavam uma 'visão de mundo', um 'modo de vida urbano' que seria a base da civilização ocidental, sendo um elemento fundamental na constituição da cultura e sociedade grega, onde o homem era considerado um «animal político» e partícipe de um processo decisório que descentraliza as decisões para os problemas apresentados nas cidades.

A cidade grega antiga traduz-se numa forma primitiva de inovação, uma vez que prioriza o processo autônomo de cada comunidade que buscava de modo criativo na definição das regras sobre como "viver junto" e solucionar problemas.

Assim, a partir deste conceito de πόλις, utilizou-se como acrônimo POLIS, o Projeto de 'Polímeros para Inclusão Social' que representa uma inovação de processo a partir da gestão de tecnologia social com foco em produção e distribuição logística de próteses humanas feitas de material plástico reciclável (polímeros), que de modo criativo traz uma inovação integrando todos os atores sociais em uma cadeia de suprimento sustentável.

7.6.1. ConstruINTO Planejamento Estratégico 2019-2022

O Instituto Nacional de Traumatologia e Ortopedia - INTO é uma unidade de referência nacional do Sistema Único de Saúde (SUS) que tem como missão promover ações na assistência, no ensino, na pesquisa, na prevenção e na formulação de políticas públicas nas áreas de traumatologia, ortopedia e reabilitação.

A estruturação do CONSTRUINTO 3 foi iniciada pela definição da MISSÃO e da VISÃO DE FUTURO da organização, o que permitiu a construção dos possíveis caminhos a seguir em busca do futuro que se visa atingir:

Missão INTO: promover ações como instituto de referência do Sistema Único de Saúde (SUS) na assistência, no ensino, na pesquisa, na prevenção e na formulação de políticas públicas em traumatologia, ortopedia e reabilitação.

Visão INTO: ser reconhecido nacional e internacionalmente como centro de excelência em assistência, ensino, pesquisa e gestão nas áreas de traumatologia, ortopedia e reabilitação.

Valores e Princípios INTO: Humanização e Empatia; Foco no Paciente; Qualidade e Segurança; Inovação; Trabalho em Equipe; Transparência e Ética; Geração e Disseminação do Conhecimento.

7.6.2. Responsabilidade Socioambiental

Os Objetivos de Desenvolvimento Sustentável (ODS) compõem um grupo de 17 objetivos e 169 metas de ação global para alcance até 2030, em sua maioria, abrangendo as dimensões ambiental, econômica e social do desenvolvimento sustentável, de forma integrada e inter-relacionada (Figura 2). Guiados pelas metas globais, espera-se que os países definam as suas metas nacionais, de acordo com as suas circunstâncias, e as incorporem em suas políticas, programas e planos de governo.

Figura 2 – Objetivos do Desenvolvimento Sustentável. Fonte: UNDP (2021)

Carayannis et al (2012) busca trazer para o modelo original da Hélice Tripla, uma estrutura transdisciplinar e interdisciplinar de análise que permita que os ambientes naturais sejam considerados eixos direcionadores para o avanço dos sistemas de inovação, sob uma perspectiva de desenvolvimento sustentável e de ecologia social. Neste contexto, a proposta com enfoque nos ODS, proposta no planejamento estratégico do INTO, pode ser interpretada.

O objetivo que se relaciona diretamente com a missão do instituto é o terceiro, ODS nº3, Saúde e Bem-Estar. O foco deste objetivo é alcançar o acesso universal à saúde, fornecer acesso a medicamentos e vacinas e apoiar a pesquisa e o desenvolvimento. Neste contexto, o INTO buscou relacionar os objetivos estratégicos do CONSTRUINTO 3 com o ODS nº 3 do PNUD, visando não apenas ampliar o acesso ao tratamento ortopédico e traumatológico como também promover ações para prevenção de doenças ortopédicas e educação em saúde.

7.6.3. Hélice Tripla na Cadeia de Valor Projeto POLIS

O principal objetivo do Projeto POLIS é 'promover, proteger e assegurar o exercício pleno e equitativo dos direitos humanos e liberdades fundamentais das pessoas com deficiência física, de modo a possibilitar o resgate do respeito pela sua dignidade e cidadania por meio da tecnologia assistiva'.

Figura 3 – Modelo Hélice Tripla na Cadeia de Suprimentos OPME POLIS. Fonte: Elaboração própria

Quanto ao papel de cada um dos stakeholders posicionados na Hélice Tripla desta Cadeia de Suprimento de OPME, configura-se (Figura 3):

- **Universidade**: Enquanto gestora do projeto busca identificar e apoiar o desenvolvimento de tecnologias inovadoras, proteger a propriedade intelectual, promover a transferência de conhecimento e estimular a interação entre a universidade e a sociedade.

- **Empresas**: Consideradas como 'ente desenvolvedor' de todo processo suprimento e de produção das próteses.

- **Governo**: Atuação no processo de financiamento e de mapeamento do público-alvo. Considerado um protagonista importante na logística de atendimento em seus centros de traumatologia com impacto direto no atendimento.

A partir desta abordagem, espera-se como benefícios relacionados a cada um dos *stakeholders*:

Universidades

- **Benefícios Institucionais** – o cumprimento de seu papel social integrando ensino, pesquisa e extensão, fortalecimento do seu projeto de Desenvolvimento Institucional (PDI) no desenvolvimento e transferência de tecnologias sociais; promoção de uma prática político-educativa com foco na inovação; Incentivo na busca de parceiros públicos e privados para fomento de Pesquisa e desenvolvimento (P&D) de novos materiais, processos, produtos e/ou unidades de negócios; inserção de seus projetos diante do macroambiente e de suas esferas de atuação; melhor visibilidade de sua atuação junto à sociedade agregando social valor aos impostos e verbas para a sua manutenção e funcionamento; capacidade de desenvolver e transferir conhecimento em diversas esferas e áreas do conhecimento; ser considerada um centro de referência ou excelência na produção e difusão de novas tecnologias.

- **Benefícios Econômicos** – geração de novas patentes e produtos resultantes da propriedade intelectual; novos investimentos públicos e/ou privados na sua infraestrutura de laboratórios para o desenvolvimento ou ampliação de pesquisas científicas e tecnológicas na área do projeto.

- **Benefícios Sociais** – valorização do seu capital intelectual (docentes, técnicos e servidores em geral); investimentos na capacitação de docentes, discentes e técnicos envolvidos em P&D; melhoria da saúde e qualidade de vida do público-alvo do projeto e de seus colaboradores diretos e indiretos.

- **Benefícios Ambientais** – mudança de paradigmas nas questões educativas da responsabilidade social x exercício da responsabilidade e sustentabilidade social; ser considerada um centro de referência ou excelência na produção e difusão de tecnologias sociais inovadoras e sustentáveis.

Empresas:

- **Benefícios Institucionais** – projeção de uma imagem de responsabilidade socioambiental produzindo efeitos em seus processos internos e externos (funcionários, fornecedores, clientes e sociedade em geral).

- **Benefícios Econômicos** – abertura de oportunidades de novos negócios, mercados e clientes; equilíbrio em seu Balanço Social e ambiental; benefícios e/ou subsídios oriundos dessa nova relação com o governo e outros parceiros.

- **Benefícios Sociais** – geração de emprego e renda; melhoria da saúde e qualidade de vida do público-alvo do projeto e de seus clientes em potenciais.

- **Benefícios Ambientais** – reciclagem do plástico evitando o descarte não consciente; redução do uso de metais que requer uso intensivo de recursos naturais na extração de matérias-primas; mitigando os impactos ambientais;

disseminação do ambiente criativo e inovação a partir da aplicação dos conceitos de Ecologia Industrial e Gestão Ambiental; promoção da mudança de paradigmas da empresa socialmente responsável para a empresa socialmente sustentável.

Governo

- **Benefícios Institucionais** – projeção de uma imagem de responsabilidade socioambiental junto à sociedade e ao mercado; redução das filas e tempo de espera dos pacientes por próteses garantindo a eficiência do sistema de saúde; impacto positivo nas esferas políticas para aprovação de outros projetos com adesão e apoio a esta iniciativa; ampliação dos ecossistemas de inovação no setor de P&D.

- **Benefícios Econômicos** – Estímulo às novas unidades de negócios por meio de PPP – Parcerias Público-Privadas; redução significativa em seus orçamentos pela aquisição de próteses com produção mais barata; redução de importação de próteses; aumento nos indicadores de crescimento e desenvolvimento econômico no âmbito de sua área de atuação (municipal, estadual ou federal); envolvimento nos projetos de vantagem competitiva e estímulo a novos entrantes nos negócios de empreendedorismo de impacto social.

- **Benefícios Sociais** – geração de emprego e renda com a coleta de polímeros recicláveis e sua aplicação no processo produtivo; melhoria da saúde e qualidade de vida do público-alvo do projeto e de seus clientes em potenciais; melhoria no acesso dos mais pobres à tecnologia de baixo custo e excelente performance produto-usuário final; ser um indutor de políticas de inclusão social; direitos humanos e resgate da cidadania.

- **Benefícios Ambientais** – melhoria dos indicadores da Política Nacional de Resíduos Sólidos com reciclagem do plástico evitando o descarte não consciente e propiciando a aplicação da logística reversa integrando de modo reverso os pontos de consumo e de produção; impacto na cadeia logística produtiva com redução dos níveis de poluição; não degradação dos recursos naturais do território sob sua gestão na extração dos recursos naturais destinados à produção.

As atividades-chave representam as atividades essenciais para que seja possível entregar a Proposta de Valor, neste caso: Gestão do Projeto (Universidade), Produção das Próteses (*Hub* de empresas de impressão 3D) e Distribuição (Governo com seus centros/unidades especializados em traumatologia).

As principais parcerias serão realizadas por um '*Hub* de empresas' que detêm protagonismo na impressão 3D (mapeadas no site 3D HUBS com tecnologia 3D *print-cloud*) e preferencialmente localizadas no ponto mais próximo dos Centros/ Unidades da rede de atendimento especializado em traumatologias localizados na cidade do Rio de Janeiro e segmentados em 4 (quatro) zonas: Sul, Centro, Norte e Oeste.

O diferencial competitivo do Projeto se dá pela gestão logística compartilhada por parte da Universidade envolvendo toda a cadeia de suprimento (produção e distribuição) de equipamentos de tecnologia assistiva prestado pelo Governo aos usuários de seu centro de traumatologia do Rio de Janeiro, atualmente centralizada pelo Governo o que tem demonstrado uma elevada estatística de aumento da fila de usuários por este tipo de serviço.

Os baixos custos tanto na produção e distribuição criam um diferencial competitivo de valor agregado na gestão pública do aparelho estatal de saúde por parte da universidade, garantindo que o Governo cuide de sua atividade fim com foco no atingimento do princípio da eficiência, economicidade e de sua finalidade de promover o bem-estar social da população em níveis de vulnerabilidade.

7.7. Considerações finais

Não há uma definição comum de inovação, porém, os critérios utilizados por cada campo de estudo para a sua conceituação não está completamente dissociado do outro. Os efeitos comumente gerados pela inovação: lucros para as organizações, desenvolvimento econômico para as nações, promoção de novas tecnologias, criação de novas ferramentas utilizadas na pesquisa e desenvolvimento científico, mudanças das tendências comportamentais do consumidor, entre outros, já são amplamente conhecidos.

No entanto, quanto à sua origem dentro das organizações e sobre a forma como são trabalhadas internamente para alcançar os resultados desejados, ainda não há uma posição que esteja consolidada. Desta forma, este trabalho procurou trazer uma proposta criativa na inovação de processo e serviços por meio do Projeto POLIS, um projeto de gestão compartilhada de tecnologia social com foco em produção e distribuição logística sustentável de próteses humanas feitas de material plástico reciclável (polímeros), envolvendo Governo - Universidade – Empresas.

O Projeto POLIS apresenta o objetivo de otimizar e ampliar a oferta de equipamentos de tecnologia assistiva aos pacientes da rede básica de atendimento dos Centros/unidades especializados de traumatologia do Rio de Janeiro.

Referências Bibliográficas

ARBIX, G. e CONSONI, F. Inovar para transformar a universidade brasileira. **Revista Brasileira de Ciências Sociais**, v. 26, nº 77, p. 205-251, out. 2011.

BEN-DAYA, M.; AS'AD, R.; SELIAMAN, M. An integrated production inventory model with raw material replenishment considerations in a three layer supply chain, **International Journal of Production Economics**, Vol. 143, No. 1, pp.53–61, 2013.

BORTOLOTTI, T.; BOSCARI, S.; DANESE, P. Successful lean implementation: organizational culture and soft lean practices, **International Journal of Production Economics**, Vol. 160, No. 1, pp.182–201, 2015.

BRASIL. Ministério da Saúde lança licitação para registro de preços de órteses e próteses. Coletiva para imprensa em 01/02/2018. Disponível em: https://portalarquivos2.saude.gov.br/images/pdf/2018/fevereiro/01/Coletiva-Ortese-e-Protese.pdf Acesso em 10/09/2021.

BRASIL. Ministério da Saúde. Secretaria de Atenção à Saúde. Departamento de Atenção Especializada e Temática. **Manual de boas práticas de gestão das Órteses, Próteses e Materiais Especiais** (OPME) [recurso eletrônico] Ministério da Saúde, Secretaria de Atenção à Saúde, Departamento de Atenção Especializada e Temática. Brasília: Ministério da Saúde, 2016.

BRAUN, L.; MARTINEZ, P.; STENDER, G.; REIS, A.; MARUYAMA, U. Lean e-Health care: IT performance improvement based on Brazilian University Hospital Case Study. **Brazilian Journal of Operations and Production Management,** v. 13, p. 442-450, 2016.

CARAYANNIS, E. G.; BARTH, T. D.; CAMPBELL, D. F. J. The quintuple helix innovation model: global warming as a challenge and driver for innovation. **Journal of Innovation and Entrepreneurship**. v. 1, n. 2, p. 1-12, 2012.

CARIDI, M.; MORETTO, A.; PEREGO, A.; TUMINO, A. The benefits of supply chain visibility: a value assessment model, **International Journal of Production Economics**, Vol. 151, No. 1, pp.1–19, 2014.

CHADHA, R.; SINGH, A.; KALRA, J. Lean and queuing integration for the transformation of health care processes: A lean health care model. **Clinical Governance: a International Journal,** Vol. 17, No. 3, pp. 191-199, 2012.

CHESBROUGH, H. W. The era of open innovation. **MIT Sloan Management Review.** v. 44, n. 3, p. 35–41, 2003.

DEPINÉ, A.; TEIXEIRA, C. S (Orgs.). Habitats de inovação: conceito e prática. São Paulo: Perse, 2018.

DAGNINO, R. A Relação Universidade-Empresa no Brasil e o Argumento da Hélice Tripla. **Revista Brasileira de Inovação**, Rio de Janeiro, v. 2, n.2, p. 267-307, 2003.

DESCOLA, P. **Outras naturezas, outras culturas**. São Paulo: editora 34, 2016.

EPSTEIN, M.; DAVILA, T.; SHELTON, R. **As regras da inovação**. Porto Alegre: Artmed, 2006.

ETZKOWITZ, H. **The triple helix:** university-industry-government innovation. New York: Taylor & Francis, 2008.

ETZKOWITZ, Henry; LEYDESDORFF, Loet. The Triple Helix---University-Industry-Government Relations: A Laboratory for Knowledge Based Economic Development. **EASST Review**, v. 14, n. 1, p. 14–19, 1995.

GORANE, S.J.; KANT, R. Supply chain practices: study and framework for future development. **International Logistics Systems and Management**, Vol. 17, No. 1, pp.83–103, 2014.

GRAY, D. E. **Pesquisa no mundo real.** 2a. ed. Porto Alegre: Penso, 2012.

INTO. ConstruINTO 3: Planejamento Estratégico 2019-2022. Disponível em: https://www.into.saude.gov.br/images/pdf/documentos/ConstruInto_3_baixa_res.pdf Acesso em 10/09/2020.

LEFF, E. **Ecologia, capital e cultura: a territorialização da racionalidade ambiental**. Petrópolis, RJ: Vozes, 2009.

_________. **Aventuras da epistemologia ambiental: da articulação das ciências ao diálogo de saberes**. São Paulo: Cortez, 2012.

LUNDVALL, B.A. National innovation systems – analytical concept and development tool. **Industry and Innovation**, vol.14, n. 1, 2007.

MANZOURI, M.; RAHMAN, M. Adaptation of theories of supply chain management to the lean supply chain management, **International Journal of Logistics Systems and Management**, Vol. 14, No. 1, pp.38–54, 2013.

MARTINEZ, P.; MARUYAMA, U.; MONTOYA, C.; NAVARRERA, M. **Percepción de la calidad del servicio en un departamento de urgencias hospitalarias en Colombia**. In: 2º Congreso Intenacional en Supply Chain Management en una Economía Global, 2017, Bogotá. Estrategias Financieras en Logística de Servicios y Procesos Productivos. Bogotá: Pontificia Universidad Javeriana, 2017.

MARTÍNEZ, P.; MARTÍNEZ, J.; NUÑO, J.; CAVAZOS, J. **Process improvement in emergency units:** two analysis cases. In: IIE Annual Conference. Proceedings (p. 3620). Institute of Industrial Engineers-Publisher, 2014.

MARTINEZ ALIER, J. Conflictos de distribución ecológica. **Revista Andina**, v.29, ano 15, 1997, p. 41-66.

MARUYAMA, U. G. R.; RAMIREZ, I. ; RIOS, P. P. ; MARTINEZ, P. . Information, Knowledge and Innovation: Contemporary Brazilian production and United Nations Sustainable Development Goals. **Cuadernos Latinoamericanos de Administración**, v. XII, p. 47-58, 2016.

OECD (Organisation for Economic Co-Operation and Development). **Oslo Manual**: guidelines for collecting and interpreting innovation data. 3.ed. Paris: OECD, 2005.

PLONSKI, G. Cooperação empresa-universidade na Ibero-América: estágio atual e perspectivas. **Revista de Administração**, v. 30, n. 2, p. 65-74, Abr-jun 1996.

RAPCHAN, F.; MARUYAMA, U.; LIMA, A. Interação universidade-empresa: caminhos para Rede Federal de Educação Tecnológica. **Revista Geintec: Gestão, Inovação e Tecnologias**, v. 7, p. 4013-4027, 2017.

REIS, A.; STENDER, G.; MARUYAMA, U. Internal Logistics Management: insights on operation and techniques to increase warehouse results based on Lean Methodology. **International Journal of Logistics Systems and Management**, v. 26, p. 329-345, 2017.

SÁ, J; MARTINS, P. Mais de 12,5 mil pessoas estão na fila por prótese no Into, diz Defensoria Pública da União. **G1**. Rio de janeiro. Publicado em 03/04/2019. Disponível em: https://g1.globo.com/rj/rio-de-janeiro/noticia/2019/04/03/mais-de-125-mil-pessoas-estao-na-fila-por-protese-no-into-diz-defensoria-publica-da-uniao.ghtml Acesso em 10/09/2021.

SÁBATO, J.; BOTANA, N. **La ciencia y la tecnologia en el desarrollo futuro de America Latina**. Bellagio, Italy: [s.n.], 1968.

SAMPAIO, R.; SOUZA, C. Interdisciplinaridade no mestrado profissional como instrumento de desenvolvimento. In: PHILIPPI JR, A.; SILVA NETO, A. **Interdisciplinaridade em ciência, tecnologia e inovação**. Barueri: Manole, 2011. p. 713-742.

UNDP. Sustainable Development Goals Programme. Disponível em: https://www.undp.org/ Acesso em 10/09/2021.

Capítulo 8

Artigo: Lei de Propriedade Intelectual nos Meios Acadêmicos e a Pandemia – relato de experiência na URRJ

Flávia Targa Martins
Valéria da Conceição Chaves

O atual cenário tecnológico educacional desafia os docentes a utilizarem as ferramentas tecnológicas para prosseguir com o processo de ensino-aprendizagem. O uso das novas tecnologias auxilia na experimentação e na investigação, uma vez que permite ao aluno vivenciar, fomentar e construir seu conhecimento com o auxílio de um professor que age como facilitador.

Segundo Rabello e Haguenauer (2011), o aprendizado eletrônico (e-learning) e mais recentemente a aprendizagem móvel (mlearning), possibilitada pelos serviços de Internet móvel, estão mudando radicalmente os ambientes e contextos de aprendizagem. Variadas ferramentas como Ambientes Virtuais de Aprendizagem (AVAs), Sites de Redes Sociais (SRS), entre outros, possibilitam a construção de conhecimento e aprendizagem no ciberespaço não restringindo mais o processo educacional a um tempo ou espaço específico.

Como descrito acima, o aprendizado está disseminado por diversas redes o que muitas vezes torna difícil a seleção de conteúdos pelos estudantes. Para Umberto Eco (2000, p. 11-15), a Internet "é como uma enchente e não há como parar a invasão de informação".

Há que se ter muito cuidado na escolha das fontes pesquisadas. Os dados, para serem confiáveis, precisam demonstrar consistência teórica. É fundamental usar dados fidedignos para que não se corra o risco de utilizar informações equivocadas. E, para isso, é necessário que eles sejam reais e que as suas fontes sejam seguras. Além do papel do professor de auxiliar na análise das informações encontradas pelos alunos.

Assim Moran (1997) aponta que, "criam-se todos os dias mais de 140 mil novas páginas de informações e serviços na rede. Há informações demais e conhecimento de menos no uso da Internet na educação. E há uma certa confusão entre informação e conhecimento. Temos muitos dados, muitas informações disponíveis. Na informação, organizamos os dados dentro de uma lógica, de um código, de uma estrutura determinada. Conhecer é integrar a informação no nosso referencial, no nosso paradigma, apropriando-a, tornando-a significativa para nós. O conhecimento não se passa, o conhecimento se cria, constrói-se".

Toda essa contextualização mostra que a tecnologia nos ambientes educacionais está em crescente desenvolvimento, no entanto, foi bastante acelerada pela pandemia que assolou o mundo nos últimos anos.

O início do ano de 2020 foi marcado pelas notícias recebidas de Wuhan, uma metrópole de 11 milhões de habitantes, capital província da China central. Em janeiro (2020), importantes meios de comunicação nacionais e internacionais descreviam medidas de isolamento estabelecidas pelo governo daquele país, para conter a propagação de um novo vírus (coronavírus) que logo passou a ser denominado COVID-19 (EL PAÍS, 23/01/2020).

Inicialmente, as informações eram de um vírus que causava infecções respiratórias e que havia sido identificado por cientistas em dezembro de 2019. No entanto, após três meses, o que se constatou foi a alta capacidade de transmissão e letalidade do vírus, que rapidamente se espalhou mundo afora e passou a registrar diariamente um expressivo número de vítimas.

Assim, em 11 de março de 2020, Tedros Adhanom Ghebreyesus, diretor geral da Organização Mundial de Saúde (OMS), declarou o estado da contaminação à pandemia de Covid-19 (doença causada pelo novo coronavírus Sars-Cov-2). Tal mudança na classificação da doença deveu-se a rápida disseminação geográfica apresentada pelo Covid-19. Em sua declaração Ghebreyesus descreveu a preocupação da OMS em relação à disseminação do Covid-19, "em uma escala de tempo muito curta, com níveis alarmantes de contaminação e, também, de falta de ação dos governos" (BBC NEWS BRASIL. 11/03/2020). Desta forma, sem uma vacina contra o agente patogênico, ou tratamento capaz de prevenir a doença, o isolamento social passou a ser a principal medida para conter a sua disseminação.

No Brasil, o anúncio da OMS, provocou a imediata suspensão das atividades escolares e gradativamente, do comércio e dos serviços considerados "não essenciais", iniciando uma discussão em torno das medidas de higiene e distanciamento social. Após o primeiro mês, o impacto da suspensão geral das atividades anunciava a necessidade do funcionamento de serviços considerados essenciais para a manutenção do bem-estar social, através da oferta de determinados serviços/empreendimentos, principalmente ligados à alimentação, saúde, transporte, dentre outros. No entanto, as atividades escolares continuaram suspensas reestabelecendo-se, a partir dos meses de abril/maio, no formato de Ensino a Distância (EAD), onde discentes e docentes passaram a ser mediados por plataformas digitais estabelecendo um Ambiente Virtual de Aprendizagem (AVA) no qual atividades síncronas (ao vivo) e assíncronas (em suporte material ou suporte digital "off-line") passaram a oferecer condições mínimas às atividades de ensino, através de meios remotos.

Neste ambiente, professores e pesquisadores das universidades (públicas e privadas) tornaram-se os principais agentes em torno do debate acerca da apropriação de conteúdos disponíveis na rede mundial de computadores (internet), colocando em pauta a análise e validação da propriedade intelectual, que garante aos inventores ou responsáveis por qualquer produção do intelecto, o direito de uso e de recompensa pela sua criação, seja ela industrial, científica, literária ou artística (ASPI, sd).

Em relação a isso, outra questão passou a intrigar estes profissionais: afinal, a criação dos conteúdos digitais de ensino deve, ou não ser reconhecida como propriedade intelectual?

Para responder a esta e outras questões é preciso refletir sobre a condução da prática escolar através do uso de novas ferramentas e reflexões capazes de abarcar, tanto as instituições, quanto as necessidades de docentes e discentes, como veremos, a seguir.

Aprender e Avaliar à Distância

Será possível aprender, sem que os olhos estejam fascinados pelo objeto misterioso que os desafia? O questionamento posto por Rubem Alves acompanha um antigo ditado popular: "É fácil levar a égua até o meio do ribeirão. O difícil é convencê-la a beber a água". Afinal, se não estiver com sede, dificilmente a égua beberá água, ainda que o seu dono a surre, mas se estiver com sede, por vontade própria, ela tomará a iniciativa de ir até o ribeirão (ALVES, 2004).

No que tange a educação o que Rubem Alves pondera é que o aprendizado só acontece quando há o desejo de aprender. Pois, é "fácil obrigar o aluno a ir à escola, o difícil é convencê-lo a aprender aquilo que ele não quer" (ALVES, 2004). Nesse sentido, aprender e apreender, apesar de parecidas são palavras que designam formas distintas do indivíduo relacionar-se com o conhecimento.

Assim, aprender designa o ato de adquirir conhecimento, ao passo que apreender refere-se ao ato capturar e/ou assimilar (o conhecimento ou outrem).

Aprender tem origem no latim "*apprendere*", escrito com apenas um "e" e refere-

-se ao ato de obter conhecimento teórico, através do estudo e memorização, ou adquirir habilidades práticas através de treino. Alguns exemplos da aplicação deste verbo podem ser percebidos no exemplo, a seguir: Tenho muita facilidade em aprender novos caminhos.

O verbo apreender, também originado no latim "*apprehendere*", escrito com duas vogais "e", pode referir-se ao ato de fazer uma apreensão, apanhar, capturar, confiscar, tomar posse, bem como, compreender, ou assimilar alguma informação, ideia ou pensamento. Apesar de a pronúncia ser parecida, a diferença de um "e", altera a escrita destas palavras, designadas parônimas, que quer dizer, palavra parecida com significado diferente.

No entanto, ambos os significados podem referir-se à aquisição do conhecimento e, apesar de normalmente utilizarmos o verbo aprender, vamos também recorrer ao apreender, para apresentarmos as diferentes relações dadas ao conhecimento entre o primeiro e o segundo verbo.

Assim, não basta que haja a presença do aluno e a transmissão da informação, no ensino EAD tornou-se ainda mais necessário "que os olhos estejam fascinados pelo objeto misterioso que os desafia" (ALVES, 2004). No novo formato provocado pela pandemia, docentes e discentes do ensino presencial (em todos os níveis de escolaridade) destituídos do contato físico, passaram a ansiar que o ensino propiciasse o contato entre os participantes e ao mesmo tempo despertasse o desejo de aprender, mas como? E ainda: como aproximar e avaliar, utilizando os escassos recursos disponíveis nas plataformas digitais utilizadas nos encontros síncronos?

Nenhuma resposta objetiva seria capaz de sanar uma questão tão ampla, no entanto, acreditamos que o relato de experiência vivenciado na disciplina "Tópicos Especiais em Construção Social do Meio Ambiente – Avaliação e Inovação em Tecnologia no Meio Ambiente", ministrada pela professora Marinilza Bruno de Carvalho, para doutorandos do Programa de Pós-graduação em Meio Ambiente, a Universidade do Estado do Rio de Janeiro (UERJ) servirá como uma oportunidade para ampliar percepções docentes a esse respeito.

No primeiro semestre de 2021, entre os meses de março e julho a citada professora reuniu em sua sala de aula on-line, um grupo de 5 doutorandos (dentre os quais se incluem as autoras) e aproximadamente 25 graduandos, todos abrigados sob o desejo de aprenderem a respeito de Inovação e Tecnologia, já que se trata de uma disciplina eletiva (não obrigatória). Para tanto, ao final da terceira aula a professora dividiu a turma em 5 grupos, que democraticamente, optaram por envolver em cada grupo um doutorando como representante. Estes grupos organizaram-se em encontros virtuais, após as aulas síncronas (também virtuais), para realizar as atividades denominadas "oficinas", que eram distribuídas no início de cada aula, via e-mail, dos representantes. Tais oficinas, nada mais eram que, um conjunto de atividades relacionadas às discussões e conceitos apresentados em cada aula síncrona. Sem que fosse determinado pela professora, os grupos, foram percebendo a necessidade de realizarem encontros semanais, para a realização das oficinas, desenvolvendo assim, atividades síncronas e assíncronas, distribuídas ao longo de 9 (nove) oficinas. Ao longo das mesmas, os grupos construíram um projeto com potencial para ser submetido à Lei de Propriedade Intelectual (serviço/ processo/ produto), culminando em uma apresentação no formato "*Pitch*" com produção e apresentação em vídeos de 3 a 7 minutos. Participar desta experiência foi para nós - discentes da disciplina e docentes em outras instituições educacionais, uma oportunidade positiva, uma vez que propiciou o envolvimento com a temática e com estudantes de diferentes cursos de graduação, o desenvolvimento de uma proposta, distinta e ao mesmo tempo correlata aos projetos de tese, além de um exercício para "aproximação/interativa" entre colegas, via internet.

Em um momento em que o distanciamento social se tornou tão necessário, para a contenção de um vírus, a possibilidade de integração entre os colegas de graduação e de doutorado foi bastante produtiva e desafiadora. Além disso, oportunizou a prática da interdisciplinaridade, que muitas vezes é proposta nos ambientes educacionais, mas que nem sempre se realiza efetivamente.

Para Neffa e Neffa (2020, p.6), "no nível interdisciplinar, duas ou mais áreas do conhecimento, não pertencentes à mesma classe, convergem contribuindo para o avanço das fronteiras da ciência e da tecnologia, [...], gerando novos conhecimentos ou disciplinas, a partir de complementaridade e de interconexões".

Assim, com as atividades desenvolvidas de forma interdisciplinar, ao final do semestre aconteceu uma avaliação individual, no horário da aula, em dia preestabelecido, através de um questionário realizado via "Google Forms". Apesar da nítida preocupação dos discentes, em estudar o conteúdo, para a prova, percebemos que o formato utilizado pela professora ao mesclar conteúdo/prática e momentos síncronos e assíncronos, fez com que a assimilação do conteúdo ocorresse de forma fluida, ou seja, o próprio processo de ensino provocou o desejo de aprender, de forma que a avaliação deixou de ser um processo punitivo, para se tornar um instrumento de constatação do processo ocorrido.

Essa pequena, mas significativa diferença, também pode ser representada pela diferença entre conhecer e saber. Afinal, conhecedor é aquele que possui uma dada informação, ao passo que o sábio é aquele que sabe aplicar a informação retida, na ocasião devida, fazendo a ponte entre a informação e sua utilização.

Através desta experiência, pode-se concluir que o uso das ferramentas digitais, precisa ser utilizado de forma a conduzir o indivíduo a sair de seu contexto e reconhecê-lo, criando as condições necessárias para transformá-lo, de forma comprometida. Portanto, é necessário: aprender e apreender! (FREIRE, 1996).

Como salientado acima, o acesso às ferramentas digitais, proporcionado pela internet, no mundo contemporâneo, proporciona uma massiva fonte de informações diárias em constante transformação. Muitas vezes, encontrar conteúdo de qualidade e com consistência teórica é complexo para os estudantes, que ainda estão desenvolvendo olhar crítico sobre os temas abordados. Por isso, foi interessante a integração entre a graduação e a pós-graduação proporcionada na disciplina, pois o olhar mais experiente dos alunos de doutorado se mesclou ao "frescor" do aluno de graduação.

Nesse sentido, cabe registrar que as relações são marcadas por transformações sociais, econômicas e de produção, tal como apontou Bauman (2013). Por isso, a condução de atividades em aula capazes de promover reflexões teóricas, atreladas ao pensamento e a técnica refletem a aplicação do conceito de "modernidade líquida", uma vez que os conceitos são discutidos de forma ampla e "pulverizada". Cabe salientar, que essa pulverização de informações faz parte do conceito discutido por Zigmunt Bauman, que argumenta que na sociedade líquida o comportamento racional e usual dos indivíduos é o engajamento sem comprometimento. "Desta feita, a questão ética torna-se o grande desafio nesta sociedade, já que a modernidade líquida provoca a sensação de fracasso devido à fragmentação" (2013).

Para Bauman (2013, p. 22), a vida pré-moderna presumia a duração de todas as coisas, exceto a vida mortal, a vida "líquido moderna" pressupõe a transitoriedade universal, a fluidez instantânea das coisas, dos conhecimentos, das relações humanas. "Tudo nasce com a marca da morte iminente e emerge da linha de produção com o 'prazo de validade' impresso ou presumido".

> A informação passa a ser o motor das transformações [...] A combinação de satélites, televisão, telefone, cabo de fibra ótica e microcomputador enfeixou o mundo em um sistema unificado de conhecimento, que provoca a superação das estruturas administrativas hierarquizadas e verticalizadas em direção à horizontalização das relações de poder, que tem na figura da rede, propriamente, a expressão da nova realidade (CAPELLARI, 2000, p.39).

Os acontecimentos na atualidade são acompanhados em tempo real. Diariamente somos bombardeados por inúmeras notícias, que possuem um fluxo muito veloz e, por vezes, pouco absorvidas pelos receptores e com falta de coesão sobre os temas. As informações chegam até às pessoas, mas, muitas vezes, com falta de conexões e muito compartimentalizadas.

Segundo Oliveira (2012, p. 32):

> Muito já se criticou sobre a falta de informação e a dificuldade de acesso a ela. Hoje, com os meios de comunicação avançados, diversos tipos de revistas e jornais, a televisão e internet de fácil acesso que disponibiliza uma enorme quantidade de informação de todo tipo, a fase da falta de informação passou. A fase vivida hoje é a da seleção de informação. As possibilidades são tantas que o indivíduo se encontra na agonia da escolha de que informação é a que gostaria de abraçar, em qual estilo de vida se encaixa.

Diante do exposto, merece ser registrado que a proposta de atividades em parceria entre estudantes da graduação e do doutorado foi bem recebida por ambos e que em todos os grupos percebeu-se engajamento e comprometimento na realização das oficinas e no compartilhamento de informações, demonstrando que mesmo na sociedade líquida, tão afeita aos ambientes remotos, é possível desenvolver formas positivas de condução das atividades acadêmicas. Para tanto, é importante registrar que as atividades colaborativas foram essenciais para a seleção e para o aprimoramento dos conhecimentos desenvolvidos ao longo da disciplina descrita anteriormente.

Outro ponto importante a se destacar na disciplina foi a avaliação, pois a mesma demonstrou ser parte de um processo reflexivo, capaz de propiciar ao professor e ao aluno repensarem o ensino e o aprendizado. Nesse sentido, rememorou-se

Paulo Freire, que em diversas de suas obras, propôs que a educação se faça em três momentos: AÇÃO – REFLEXÃO – AÇÃO (FREIRE, 2005). Assim, a avaliação deveria se consolidar com uma das oportunidades para a reflexão, antes de uma nova ação. A prática da avaliação educacional deveria ser um processo reflexivo, que propiciasse ao professor e ao aluno repensarem o ensino e o aprendizado.

No entanto, o que percebemos é que poucos são os professores que avaliam desta forma. Na maior parte do tempo, a avaliação encerra o processo de ensino-aprendizagem, determinando quem sabe e quem não sabe. Quem tem média sabe e quem não tem, não sabe! Além disso, o que é pior: a nota serve para culpar o aluno que não aprendeu "porque não quis", como afirmam alguns.

A avaliação ainda é uma ferramenta que pouco estimula o trabalho do professor, pois ao invés de servir para "medir" o trabalho realizado, ela normalmente mede apenas a capacidade do aluno de transcrever conhecimentos absorvidos diante de uma questão dada.

Resta expandir nossas reflexões sobre os diferentes recursos que a avaliação pode representar e as diferentes formas de avaliar, principalmente quando o universo digital passa a ser uma nova ferramenta educacional.

Moran (2007, p. 22) destaca que:

> Aprendemos melhor quando vivenciamos, experimentamos, sentimos. Aprendemos quando relacionamos, estabelecemos vínculos, laços, entre o que estava solto, caótico, disperso, integrando-o em um novo contexto, dando-lhe significado, encontrando um novo sentido. Aprendemos quando descobrimos novas dimensões de significação que antes se nos escapavam, quando vamos ampliando o círculo de compreensão do que nos rodeia, quando, como numa cebola, vamos descascando novas

> camadas que antes permaneciam ocultas à nossa percepção, o que nos faz perceber de uma outra forma. Aprendemos mais quando estabelecemos pontes entre a reflexão e a ação, entre a experiência e a conceituação, entre a teoria e a prática; quando ambas se alimentam mutuamente.

Assim, se faz necessário que o espaço acadêmico seja um lugar onde o aluno encontre um significado do que lhe é proposto, quando transforma informação em conhecimento e desenvolve as diversas facetas no preparo de sua vida acadêmica e sua importância para o viver em sociedade.

Felizmente, apesar do distanciamento social, a pandemia tem provocado novas reflexões, em torno do ensino, aprendizagem, avaliação, nota, aprovação e reprovação, mas há ainda uma longa caminhada até que consigamos compreender e dominar melhor os recursos que podem ser agregados neste processo. Em diferentes momentos, diante da tela do computador, o uso das novas ferramentas digitais explicitou que todos somos aprendizes. Sejamos humildes em assumir que provocados pela pandemia, os meios acadêmicos evidenciaram aquilo que há muito já havia sido afirmado por Freire, mas que nunca fez tanto sentido como agora: "quem ensina *aprende* ao ensinar e quem *aprende* ensina ao *aprender*» (*FREIRE*, 1996, p. 25), mesmo em tempos difíceis é possível aprender!

Referências Bibliográficas

Alves, Rubem. **O Desejo de Ensinar e a Arte de Aprender.** Campinas: Fundação EDUCAR Paschoal, 2004.

AGÊNCIA BRASIL. Disponível em: <Retrospectiva 2020: relembre os fatos que marcaram fevereiro (ebc.com.br)>. Acesso em 03/08/2021.

ASPI - Associação Paulista da Propriedade Intelectual. https://aspi.org.br. Acesso em 03/08/2021.

BAUMAN, Zygmunt. Sobre educação e juventude: conversas com Ricardo Mazzeo. Rio de Janeiro: Zahar, 2013.

BBC NEWS BRASIL. 11/03/2020. Coronavírus: OMS declara pandemia - BBC News Brasil. Disponível em: https://www.bbc.com/portuguese. Acesso em 03/08/2021.

CAPELLARI, Eduardo. **Tecnologias de informação e possibilidades do século XXI**: por uma nova relação do estado com a cidadania. In: ROVER, Aires José (org.). Direito, Sociedade e Informática: limites e perspectivas da vida digital. Florianópolis: Fundação Boiteux, 2000.

ECO, U. O Dilúvio da informação (VEJA – Vida Digital). VEJA, ano 33, n. 52, p. 11-15, 04/12/2000.

EL PAÍS. Disponível em: <Coronavírus: Wuhan, uma cidade de 11 milhões de pessoas em quarentena contra a propagação do coronavírus | Internacional | EL PAÍS Brasil (elpais.com)>, 23/01/2020. Acesso em 03/08/2020.

FREIRE, Paulo. **Educação e mudança.** Trad. Moacir Gadotti e Lílian Lopes Martin. Rio de Janeiro: Paz e Terra, 1979.

_____. **Pedagogia da autonomia:** saberes necessários à prática educativa. São Paulo: Paz e Terra, 1996.

_____. **Pedagogia do oprimido.** Rio de Janeiro: Paz e Terra, 2005.

MORAN, J. M. Como utilizar a Internet na educação. Ciência da Informação. v.

26. n. 2. Brasília. Maio/Ago. 1997. Disponível em: https://www.scielo.br/scielo.php?script=sci_arttext&pid=S0100-19651997000200006. Acesso em: 13 de junho de 2021.

MORAN, J. M.. *A educação que desejamos, novos desafios e como chegar lá.* São Paulo: Editora Papirus, 2007.

OLIVEIRA, Larissa Pascutti de. ZYGMUNT BAUMAN: a sociedade contemporânea e a sociologia na modernidade líquida. Sem Aspas, Araraquara, v. 1, n. 1 p. 25-36, 1º semestre de 2012. Disponível em: https://docs.google.com/document/d/1iILxNIleQkw60VN-7Z3Zh-yVn-3qexflbf53jeOW2bE/edit?ts=5ee1254b. Acesso em 04 de julho 2021.

NEFFA, Elza; NEFFA, Krishna. Novas dinâmicas do conhecimento para um mundo tensionado. *In*: **Discussões interdisciplinares no campo da formação docente**. [recurso eletrônico]: vol. I / Organizadora Luciane Spanhol Bordignon. – Curitiba, PR: Artemis, 2020. (p. 1-17).

RABELLO, Cíntia Regina; HAGUENAUER, Cristina. **Sites de Redes Sociais e Aprendizagem**: Potencialidades e Limitações. Revista EducaOnline. Universidade Federal do Rio de Janeiro - Laboratório de Pesquisa em Tecnologias da Informação e da Comunicação - Escola de Comunicação - UFRJ. v. 5, n. 3, set./dez. 2011.

As Peculiaridades e Controvérsias Jurídicas Relacionadas à Ampliação do Conceito de Instituição Científica Tecnológica e de Inovação (ICT) no Novo Marco Legal da Ciência e Tecnologia e o Impacto nas Instituições do Sistema S

José Carlos Vaz e Dias (LLM/PhD Kent)[1]
Leonardo Sant'Anna (PhD Fiocruz)[2]
Raphaela Magnino[3]

Resumo

Este artigo objetiva analisar o impacto das alterações na Lei de Inovação Tecnológica, implementadas pela Lei nº. 13.243/2016, quanto à ampliação do rol dos agentes de inovação. Observou-se uma modificação no conceito das Instituições Científicas, Tecnológicas e de Inovação (ICTs), que passaram a incluir as pessoas jurídicas de direito privado sem fins lucrativos. Essa ampliação possibilita que financiamentos públicos sejam direcionados para as ICTs privadas, formadas por

[1] Professor Adjunto em Direito Comercial pela Faculdade de Direito da UERJ. Doutor em Direito pela Universidade de Kent – Inglaterra

[2] Leonardo Sant'Anna (Masters of Law – Professor Adjunto em Direito Comercial pela Faculdade de Direito da UERJ. Doutor em Ciências pela Escola Nacional de Saúde Pública Sérgio Arouca ("ENSP") da Fundação Oswaldo Cruz ("FIOCRUZ").

[3] Raphaela Magnino - Doutora e Mestre em Direito Empresarial e Inovação Tecnológica pela Universidade do Estado do Rio de Janeiro (UERJ).

universidades e centros de pesquisa privados e pelas associações envolvidas em inovação. Ainda, permite-se que os investimentos em desenvolvimentos tecnológicos realizados por empresários em parcerias com as ICTs privadas sejam beneficiados pela Lei do Bem e outras leis que fomento à inovação. Diante da relevância do tema, o presente artigo acadêmico responderá ainda se as entidades do SISTEMA S (SENAI, SESC, SENAI, SENAR, SESCOOP, SENAT, SEST E SEBRAE) podem ser enquadradas como ICTs privadas. Essas entidades disponibilizam serviços complementares e não diretos à inovação. Portanto, elas sofrem questionamentos sobre o enquadramento com ICT. Quanto à metodologia empregada, o artigo é fruto de uma pesquisa teórica conduzida pelo método da análise de conteúdo, a partir da utilização da técnica de pesquisa de revisão de literatura, isto é, documentação indireta, através de pesquisa bibliográfica e documental.

Palavras-Chave: Lei de Inovação. Instituição Científica e Tecnológica. Pessoa Jurídica de Direito Privado sem Fins Lucrativos. Associação.

Introdução

O presente artigo tem como escopo analisar a possibilidade das atividades exercidas pelo "Instituto X"[4] enquadrarem-se ao regramento e às peculiaridades da Lei de Inovação Tecnológica (Lei Federal nº. 10.973, de 02 de dezembro de 2004 – atualizada pela Lei nº. 13.243, de 11 de janeiro de 2016). Observa-se, de plano, que o "Instituto X" tem natureza jurídica de pessoa jurídica de direito privado sem fins lucrativos, razão pela qual é necessário avaliar se existiria segurança jurídica para afirmar que sua atuação se enquadraria no conceito de Instituição Científica, Tecnológica e de Inovação (ICT), uma vez que realiza a administração de projetos de empresas, como a gestão de bolsas de estudo e suporte técnico e organizacional, para direcionar os investimentos empresariais na formação de recursos humanos e profissionais para a inserção no ambiente especializado e cooperativo da inovação.

[4] A fim de preservar a identidade do objeto de estudo, este artigo fez a opção por denominar o mesmo como "Instituto X".

Ressalta-se, ainda, que o "Instituto X" realizou uma alteração em seu Estatuto em dezembro de 2018, mais precisamente no Artigo 2º, para incluir, dentre os seus objetivos, as atividades de promoção de pesquisa e desenvolvimento em gestão da inovação, o que, consequentemente, faz com que se aproxime do enquadramento de ICT ou, pelo menos, se insira juridicamente como entidade integrante do Sistema Nacional de Inovação.

Ademais, existe um interesse explícito e específico do "Instituto X" com essa ampliação de atividades, qual seja estimular diretamente as alianças estratégicas na área tecnológica, por meio da prestação de serviço remunerado no processo de seleção de bolsistas e profissionais de empresas parceiras que vierem a se envolver nas alianças estratégicas e tecnológicas.

Em suma, o problema do presente artigo abrange a análise de possíveis limitações e riscos de enquadramento do "Instituto X" como ICT, no âmbito do novo marco legal de inovação, para o gerenciamento de projetos. Com efeito, o enquadramento das atividades do "Instituto X" em inovação tecnológica e a consequente compreensão dessa entidade associativa como ICT perpassam a análise do arcabouço jurídico-institucional em que essa tentativa de moldura se insere, e da forma como a iniciativa privada realiza investimentos em atividades de pesquisa e desenvolvimento, pois o Sistema Nacional de Inovação tem como pressuposto básico o envolvimento das empresas na criação tecnológica.

A relevância deste estudo, portanto, relaciona-se ao fato de que a necessidade de estimular a produção de conhecimento nacional, para a solução de demandas específicas no Brasil, e inserir a inovação na estratégia de negócios das empresas envolveram inúmeras mudanças legislativas para incorporar a temática da inovação e assegurar a competitividade tão desejada pela indústria nacional.

Levando-se em consideração o contexto apresentado, este artigo tem como objetivo analisar se o arcabouço jurídico-institucional da inovação brasileira permitiria a consideração do "Instituto X" enquanto ICT, principalmente após a alteração do Estatuto Social da entidade em comento.

A fim de desenvolver o tema em relevo, o trabalho está apoiado na seguinte pergunta de pesquisa principal: (a) A alteração do Estatuto Social do "Instituto X" torna essa instituição uma ICT, nos termos do inciso V do art. 2º. da Lei nº. 10.973/2004?

Observa-se, ainda, que tal pergunta de pesquisa principal desdobra-se em outras cinco perguntas de pesquisa acessórias, quais sejam:

(a.1) Quais seriam os riscos do "Instituto X" em intitular-se ICT?;

(a.2) Eventual empresa que investir no "Instituto X" poderia utilizar tais investimentos para beneficiar-se da Lei do Bem?;

(a.3) O "Instituto X" poderia ser classificado como agente da inovação?;

(a.4) Qual seria a segurança jurídica do "Instituto X" em passar a ser tratado como gestor de inovação e projetos se as suas atividades não levam ao enquadramento legal de uma ICT?; e, finalmente;

(a.5) Existiriam restrições para o "Instituto X" liderar os processos de concessão de bolsas para empresas, nos moldes do programa INOVA Talentos?

Nesse diapasão, o artigo está estruturado em duas seções, além desta introdução e da conclusão. A primeira seção visa apresentar de maneira sintética o arcabouço jurídico-institucional da inovação no Brasil, atribuindo especial relevância às recentes alterações na Constituição Federal de 1988 e no Marco Legal da Inovação de 2004, por meio da Emenda Constitucional nº. 85/2015 e da Lei nº. 13.243/2016, respectivamente. Observa-se que, na esteira de tais mudanças, houve uma ampliação no que tange ao ambiente cooperativo e aos possíveis agentes da inovação.

A segunda seção, por sua vez, busca apresentar um panorama sobre o enquadramento das chamadas pessoas jurídicas de direito privado sem fins lucrativos no Sistema Nacional de Inovação. A seção subdivide-se em duas subseções, a fim de abordar (2.1) os requisitos e benefícios do enquadramento dessas entidades no ambiente de inovação brasileiro, e (2.2) a eventual possibilidade de que tais entidades atuarem como gestores de bolsas para inovação.

Finalmente, no que tange à metodologia empregada, este artigo é fruto de uma pesquisa teórica. A indagação acerca da possibilidade de que o "Instituto X", pessoa jurídica de direito privado sem fins lucrativos, ser enquadrada como ICT nos termos do inciso V do art. 2º. da Lei nº. 10.973/2004 e suas eventuais repercussões serão analisadas principalmente a partir de uma perspectiva jurídica.

Assim, a abordagem metodológica mais adequada à condução deste trabalho, em termos de método, é análise de conteúdo, uma vez que o objetivo delineado exige o estudo de textos teóricos e legais que permitam a construção de uma rede analítica de conceitos a ser aplicada na interpretação do arcabouço jurídico-institucional da inovação no Brasil. Quanto às técnicas de pesquisa, o trabalho será focado em documentação indireta, isto é, revisão de literatura, através de pesquisa bibliográfica e documental.

1. O Arcabouço Jurídico-Institucional da Inovação no Brasil e o Novo Marco Legal da Inovação: ampliação dos ambientes cooperativos e dos agentes da inovação.

A necessidade de estimular a produção de conhecimento nacional, para a solução de demandas específicas no Brasil e inserir a inovação na estratégia de negócios das empresas envolveram inúmeras mudanças legislativas para incorporar a temática da inovação e assegurar a competitividade tão desejada pela indústria nacional.

Releva-se neste contexto a aprovação da Constituição Federal de 1988, pela Assembleia Nacional Constituinte, que ocorreu em um contexto em que um volume substancial de conhecimentos tecnológicos advinha da importação estrangeira de serviços e intangíveis, por meio dos contratos de transferência de tecnologia[5]. Assim, a Carta Magna de 1988 pouco abordou sobre o tema do impacto dos conhecimentos na economia nacional, visto que já existia um arcabouço jurídico estabelecido para a aquisição tecnológica. Além disso, o processo de investimento governamental na capacitação acadêmica estava em pleno desenvolvimento, principalmente na formação de doutores por meio da concessão de bolsas de estudo no Brasil e no exterior[6]. Portanto, não havia como conceber a temática da inovação ou desenvolvimento tecnológico interno.

Outrossim, à época o foco constitucional era assegurar uma sociedade livre e reforçar a democracia, baseada na dignidade humana e na liberdade de expressão, cujos atributos levaram a classificar a Constituição Federal como a "Constituição Cidadã".

---

[5] Sobre contratos de transferência de tecnologia, recomenda-se a leitura da clássica obra de Assafim (2005). O autor conceitua o contrato de transferência de tecnologia como "aquele através do qual um concedente transmite a um adquirente direitos patrimoniais sobre bens imateriais juridicamente protegidos, mediante a imposição de determinados limites ao seu exercício". (ASSAFIM, 2005, p.102). Veja também, DIAS, José Carlos Vaz e. "Contratos de Transferência de Tecnologia e as Controvérsias da Convivência entre Regramentos Antigos e a Liberdade Contratual: Os Serviços Técnicos Profissionais em Perspectiva". In: CONGRESSO NACIONAL DO CONPEDI – UFMG/DOM HELDER CÂMARA. 2015, Belo Horizonte. p. 288. Disponível em: <www.conpedi.org.br/publicacoes/66fsl345/2oq57zr8/3wD1c3Vtbp4P3T5e.pdf>

[6] Entre o período de 1983 a 1995, o Conselho Nacional de Pesquisas – atualmente Conselho Nacional de Desenvolvimento Científico e Tecnológico – CNPq - concedeu inúmeras bolsas de estudo para a formação de estudantes na área técnica no exterior, para a obtenção de doutorado. Conforme informações obtidas, foram concedidas pelo CNPq 653 mil bolsas no país e no exterior para formação acadêmica e profissional. Vide publicação realizada por Bruna Sirtori em 2018, na Escola Nacional de Administração Pública intitulada "Doutores titulados no exterior com apoio do CNPq no período 2000-2017: perfil dos bolsistas e ocupação dos egressos em "2018." Disponível em https://repositorio.enap.gov.br/bitstream/1/3831/1/BrunaSirtori_final_revisado.pdf. Recomendamos examinar também a obra "Centro de Memórias do CNPq" em http://centrodememoria.cnpq.br/fomento97.html.

Já em meados da década de 90, presenciou-se uma interferência tecnológica consistente, muitas vezes sufocante, na vida privada dos indivíduos e no relacionamento social, que pode ser representada pela popularização da *World Wide Web* (denominada Rede Mundial de Computadores ou *Internet*)[7]. A *Internet* é um mecanismo digital de conexão que tem como efeito primordial a aproximação de pessoas, o que permite a troca de experiências em tempo real, isto é, que um evento em determinada parte do mundo possa ser compartilhado simultaneamente com outra pessoa localizada em outra parte do mundo. A facilidade de conexão entre pessoas democratizou o acesso à informação e disponibilizou produtos e serviços a um número ilimitado de pessoas localizadas em diversos territórios, que podem adquiri-los por meio de um clique.

Desenvolveu-se assim uma economia baseada no conhecimento ou "Economia do Conhecimento", cujas dinâmicas política, econômica e social são largamente relacionadas à desmaterialização das atividades, baseadas em informações e conhecimentos. Os economistas norte-americanos Powell e Snellman (2004) relataram esse fenômeno da seguinte forma:

> *We define the knowledge economy as production and services based on knowledge-intensive activities that contribute to an accelerated pace of technological and scientific advance as well as equally rapid obsolescence. The key components of a knowledge economy include a greater reliance on intellectual capabilities than on physical inputs or natural resources, combined with efforts to integrate improve-*

---

[7] A World Wide Web é apenas uma forma de constatação da mudança tecnológica sofrida pela convivência social dos seres humanos, que possibilitou a exacerbação da liberdade de expressão com desacertos em comentários expressos dentro da concepção libertária, mas que atingiam a dignidade das pessoas. Outras tecnologias também impactaram enormemente o desenvolvimento humano, como o computador pessoal (laptop), o telefone celular e o procedimento de pagamento de compras por cartões (débito automático, que já existia na Inglaterra desde 1987), dentre outros. A Internet e as novas tecnologias contidas em aparelhos que cabem na palma de uma mão permitiram uma proximidade entre as pessoas, por meio de conexões em "real time". Isso significa que notícias e fatos jurídicos ocorridos no Japão, por exemplo, possam ser vislumbrados e ter uma participação interativa no mesmo instante do acontecimento e do recebimento da mensagem.

> *ments in every stage of the production process, from the R&D lab to the factory floor to the interface with customers. These changes are reflected in the increasing relative share of the gross domestic product that is attributable to "intangible" capital.* (POWELL, W; SNELLMAN, K., 2004, p.201)

Nesse mesmo sentido, tem-se observado desde a década de 1990 uma mudança dos ativos transacionados no mercado internacional, sendo que mais de 60% estão dominados por produtos de média e de alta tecnologia, o que tem levado países a concentrarem o seu crescimento no fornecimento de serviços e intangíveis (DE NEGRI, J; SALERNO, M., 2005). A percepção é que as tecnologias e intangíveis agregam valor aos produtos e à competitividade de empresas e de mercados.

Em vista da importância dos conhecimentos tecnológicos, os temas "inovação" e "desenvolvimento tecnológico" passaram a integrar já no início do século XXI a política pública desenvolvimentista de praticamente todos os países, sendo que o investimento privado em ciência e tecnologia passou a ser uma constante e crescente em relação à contratação de tecnologia estrangeira (BARBOSA, 2011).

Não foi à toa que, em 2004, foi criado o Estatuto Legal da Inovação ou a "Lei da Inovação Tecnológica", por meio da Lei Federal nº. 10.973, de 02 de dezembro de 2004. Cumpre salientar que a referida Lei Federal foi estruturada em 5 (cinco) princípios básicos para facilitar a inovação, como seguem (DIAS, 2015a; BARBOSA, 2011): (a) alianças estratégicas entre as universidades e centros de pesquisa e as empresas; (b) flexibilização das regras de participação das universidades no processo de inovação, incluindo a abertura para explorar os seus laboratórios por terceiros; (c) flexibilização das regras de apropriação tecnológica, por meio do direito da propriedade intelectual, decorrentes das parcerias (DIAS, 2009); (d) medidas para o incentivo às sociedades empresárias e (e) inclusão ao pesquisador criador, seja aquele com vinculação empregatícia com as universidades, seja classificado como inventor independente.

Essa lei propiciou assim criação de um ambiente flexível para acordos de cooperação, privilegiando o princípio da liberdade de contratar e a possibilidade de as partes, principalmente as ICTs públicas ou os órgãos da administração pública, em utilizar o poder de negociação nos contratos comerciais para o desenvolvimento de tecnologia e parceria com sociedades empresárias, dispensada a aplicabilidade das regras de licitação[8]. Permitiu, ainda, a gestão do conhecimento e dos direitos da propriedade intelectual decorrentes das invenções com a possibilidade de apropriação integral pelas sociedades empresárias nos desenvolvimentos decorrentes das parcerias. Portanto, a Lei de Inovação constitui um marco legal adequado para as parcerias publico-privadas nas atividades de pesquisa, desenvolvimento e inovação tecnológica (PD&I).

Essa Lei Federal teve como matriz constitucional os artigos 218 e 219 da Magna Carta, incluídos pelo Constituinte Originário, relevados naturalmente pelas demandas social e econômica face ao impacto positivo dos conhecimentos tecnológicos ao sistema produtivo nacional, senão vejamos:

> Art. 218. O Estado promoverá e incentivará o desenvolvimento científico, a pesquisa, a capacitação científica e tecnológica e a inovação. (...)

[8] O Art. 25 da Lei de Inovação – Lei Federal nº. 10.973, de 02 de dezembro de 2004 - alterou o art. 24 da Lei de Licitação, para permitir a dispensa de licitação ou de qualquer procedimento formal para a seleção de parceiros dos Institutos de Ciência e Tecnologia (ICTs) públicaos para os casos de contratação tecnológica, o que inclui as parcerias para desenvolvimento e os contratos de transferência de tecnologia, senão vejamos: "Art. 25. O Art. 24 da Lei nº. 8.666, de 21 de junho de 1993, passa a vigorar acrescido do seguinte inciso: "Art. 24. XXV – na contratação realizada por Instituição Científica e tecnológica – ICT ou por agência de fomento para a transferência de tecnologia e para o licenciamento de direito de uso ou de exploração de criação protegida."
A Lei no. 12.349, de 15 de dezembro de 2010 reafirmou a inaplicabilidade da Lei de Licitação aos assuntos envolvendo as parcerias tecnológicas e nas contratações tecnológicas relacionadas à inovação nos termos da Lei 10.973/2004. Vide Lei no. 12.349, de 15 de dezembro de 2020, disponível em http://www.planalto.gov.br/ccivil_03/_Ato2007-2010/2010/Lei/L12349.htm.

> §2º. – A pesquisa tecnológica voltar-se-á preponderantemente para a solução dos problemas brasileiros e para o desenvolvimento do sistema produtivo nacional e regional.

Salienta-se ainda o parágrafo 4º do Art. 128 da CF, que determinou um comprometimento do Estado em estimular os empresários, que desejam realizar investimentos em criações tecnológicas:

> §4º - A lei apoiará e estimulará as empresas para que invistam em pesquisa, criação de tecnologia adequada ao país, formação e aperfeiçoamento de seus recursos humanos e que pratiquem sistemas de remuneração que assegurem ao empregado, desvinculado do salário, participação nos ganhos econômicos resultantes de produtividade de seu trabalho.

Houve fundamentação ainda na explicitação da forma de investimento público para a promoção de um ambiente favorável à inovação, por meio do financiamento e subsídios[9], além do que propiciou a cooperação entre os atores do Sistema de Inovação[10], que eram naquela época as instituições acadêmicas e de ciência e tecnologia – ICTs - e as empresas de pequeno porte e inventores independentes como detentores de conhecimentos tecnológicos e o setor produtivo (empresarial).

---

[9] O art. 19 da Lei de Inovação (versão 2004) estabeleceu hipóteses de estímulos à inovação empresarial, incluindo o compromisso da União e das agências de fomento em promover as atividades de pesquisa e desenvolvimento, por meio da concessão de recursos financeiros, humanos, materiais ou infraestrutura. Esse artigo determina ainda a subvenção econômica para a inovação tecnológica da sociedade empresária e a destinação de percentual decorrente dos recursos derivados do Fundo Nacional de Desenvolvimento Científico e Tecnológico – FNDCT. Releva-se a importância da Lei Federal nº. 11.196, de 21 de novembro de 2005 (denominada de Lei do Bem), que tem por objeto a concessão de benefícios fiscais aos empresários que incorrem em riscos e investem em pesquisa e desenvolvimento de produtos/serviços tecnológicos.

[10] A Lei de Inovação (versão de 2004) definiu os agentes que estão diretamente envolvidos para a promoção da inovação, que são os seguintes: as ICTs, as empresas de pequeno porte com base tecnológica, os empresários, os inventores independentes e as agências de fomento.

Deve-se lembrar que os artigos 218 e 219 da Carta Magna têm caráter programático, na perspectiva da interpretação constitucional, visto que não estabelecem "como", "quando" e os "meios" pelos quais será alcançado o desejado desenvolvimento tecnológico. As cláusulas programáticas necessitam, consequentemente, de um arcabouço normativo específico para a sua efetividade[11]. Daí a relevância Lei de Inovação.

Seguindo a perspectiva programática, a razão de ser e os efeitos dos artigos 218 e 219 parecem ter ficado "dormentes" até a promulgação da Lei de Inovação, em 2004, o que demonstra ser a Constituição Federal um "corpo em movimento", que agregou na Constituinte vários setores e interesses, sendo que interesses específicos vêm à tona na medida em que necessidades econômicas e sociais são expostas. Nesta mesma dinâmica, ressalta-se que a Constituição Federal de 1988 deu uma guinada paradigmática com a Emenda Constitucional nº. 85/2015, pois promoveu alterações para inserir o termo "Inovação" em várias partes do texto constitucional (que antes se limitavam a mencionar "ciência e tecnologia"). Essa modificação ocorreu primordialmente com inciso V do art. 23, o inciso IX do art. 24, inciso V do art. 200, §2º do art. 213 e, principalmente, aqueles do Capítulo IV do Título VII – "Da Ciência, Tecnologia e Inovação" como o caput, §§1º. e 3º. do art. 218, dentre outros.

Com os aprimoramentos realizados pela EC nº. 85/201, ficou sedimentado o compromisso do Estado em adotar uma Política Pública, ou, ainda, uma "política deliberada" para estimular a inovação e a formação de profissionais e acadêmicos voltados para a criação de tecnologias. Com efeito, cumpre observar o que dispõem alguns itens relevantes do artigo 218 após a promulgação da EC nº 85/2015:

---

[11] As discussões sobre as normas constitucionais como normas jurídicas eficazes, assim como o estudo material das normas constitucionais, incluindo a divisão entre normas programáticas, normas constitucionais de organização e normas constitucionais definidores de direito podem ser aprofundadas em estudo das seguintes obras: BARROSO, Luis Roberto. "Curso de Direito Constitucional Contemporâneo". 5ª. ed. Editora Saraiva. São Paulo. pp. 232-260. Veja também SARLET, Ingo Wolfgand, MARINONI, Luiz Guilherme e MITIDIERO, Daniel. "Curso de Direito constitucional". 7ª. ed. Saraiva. 2018. São Paulo. pp. 172-201

> Art. 218. O Estado promoverá e incentivará o desenvolvimento científico, a pesquisa, a capacitação científica e tecnológica e a inovação. (Redação dada pela Emenda Constitucional nº 85, de 2015). (...)
>
> § 3º O Estado apoiará a formação de recursos humanos nas áreas de ciência, pesquisa, tecnologia e inovação, inclusive por meio do apoio às atividades de extensão tecnológica, e concederá aos que delas se ocupem meios e condições especiais de trabalho. (Redação dada pela Emenda Constitucional nº 85, de 2015).
>
> § 6º O Estado, na execução das atividades previstas no caput, estimulará a articulação entre entes, tanto públicos quanto privados, nas diversas esferas de governo. (Incluído pela Emenda Constitucional nº 85, de 2015)

Neste ambiente, a Lei nº. 13.243, de 11 de janeiro de 2016, foi assim instituída para alterar a Lei de Inovação, sob os auspícios da EC nº. 85/2015, e promover os projetos de pesquisa e desenvolvimento tecnológico por meio da criação de ambientes cooperativos especializados, físicos ou digitais, tais como as estruturas de incubação de empresas de pequeno porte com base tecnológica (também denominadas "startups") e os parques e polos tecnológicos:

> Art. 3º. A União, os Estados, o Distrito Federal, os Municípios e as respectivas agências de fomento poderão estimular e apoiar a constituição de alianças estratégicas e o desenvolvimento de projetos de cooperação envolvendo empresas, ICTs e entidades privadas sem fins lucrativos voltados para atividades de pesquisa e desenvolvimento, que objetivem a geração de produtos, processos e serviços inovadores e a transferência e a difusão de tecnologia.

> Art. 3-B. A União, os Estados, o Distrito Federal, os Municípios, as respectivas agências de fomento e as ICTs poderão apoiar a criação, a implantação e a consolidação de ambientes promotores da inovação, incluídos parques e polos tecnológicos e incubadoras de empresas, como forma de incentivar o desenvolvimento tecnológico, o aumento da competitividade e a interação entre as empresas e as ICTs.

A promoção desses ambientes especializados e cooperativos de inovação se justifica, no presente momento, em vista da crença de que a atuação bem-sucedida dos atores de inovação está intimamente relacionada à existência de ecossistemas adequados para atuação coordenada entre os diversos atores envolvidos no desenvolvimento de novas tecnologias, especialmente as ICTs e startups (PORTELA, 2020) e pela necessidade de um aprofundamento maior dos estímulos à inovação. Essa compreensão está claramente descrita no §6º. do art. 218 da Constituição Federal e no Parágrafo Único do art. 219 (versão EC nº. 85/2015) da seguinte forma:

> Art. 218. O Estado promoverá e incentivará o desenvolvimento científico, a pesquisa, a capacitação científica e tecnológica e a inovação: (...)
>
> § 6º O Estado, na execução das atividades previstas no caput , **estimulará a articulação entre entes, tanto públicos quanto privados, nas diversas esferas de governo**.
>
> Art. 219. O mercado interno integra o patrimônio nacional e será incentivado de modo a viabilizar o desenvolvimento cultural e socioeconômico, o bem-estar da população e a autonomia tecnológica do País, nos termos de lei federal.

> Parágrafo único. O Estado estimulará a formação e o fortalecimento da inovação nas empresas, bem como nos demais entes, públicos ou privados, **a constituição e a manutenção de parques e polos tecnológicos e de demais ambientes promotores da inovação**, a atuação dos inventores independentes e a criação, absorção, difusão e transferência de tecnologia. (Incluído pela Emenda Constitucional nº 85, de 2015)
>
> Art. 219-A. A União, os Estados, o Distrito Federal e os Municípios poderão firmar instrumentos de cooperação com órgãos e entidades públicos e com entidades privadas, inclusive para o compartilhamento de recursos humanos especializados e capacidade instalada, para a execução de projetos de pesquisa, de desenvolvimento científico e tecnológico e de inovação, mediante contrapartida financeira ou não financeira assumida pelo ente beneficiário, na forma da lei. (Incluído pela Emenda Constitucional nº 85, de 2015)

Os ecossistemas de inovação são compreendidos como espaços aglutinadores de massa intelectual/técnica capacitada, empresários e empreendedores, em que são disponibilizados laboratórios, promovidas rodadas ou oficinas de discussão e criatividade, treinamento e capacitação gerencial e arranjos concertados para a inovação tecnológica, dentre outros. Esses espaços cooperativos são pontos direcionados à promoção do empreendedorismo com conexão rápida e imediata de seus partícipes e com suporte técnico, administrativo e jurídico em mãos, além do que muitas vezes permite o compartilhamento de infraestrutura laboratorial, recursos humanos e acesso aos apoios financeiros (PORTELA, 2020). Portanto, eles foram incluídos no rol de políticas públicas, em que o Estado participa da criação e da governança dos ambientes promotores de inovação.

Deve-se relevar neste ponto que constitui mecanismo de estímulo à inovação nas sociedades empresárias – no âmbito do artigo 19 da Lei de Inovação – a implantação e consolidação de ambientes de inovação, sendo que os mais relevantes são as incubadoras de empresas, as aceleradoras de negócios, as redes cooperativas para inovação[12], os parques tecnológicos, os polos tecnológicos e demais ambientes.

Observe que, da leitura da atual versão da Lei de Inovação, extraem-se que os atores da inovação foram ampliados, não mais limitados às ICTs brasileiras, empresários brasileiros, agências de fomento e o inventor independente A nova redação estende-se às entidades não governamentais e entidades privadas sem fins lucrativos, às sociedades de grande porte nacionais e internacionais e instituições científicas, tecnológicas de inovação ("ICTs") nacionais e internacionais, além dos inventores independentes e sociedades empresárias de pequeno porte com base tecnológica ("startups"). Esses são os atores que atuam de maneira direcionada para a pesquisa, desenvolvimento e inovação tecnológica.

Merece destaque a referência às sociedades empresárias estrangeiras, vez que antes não estava clara a sua inclusão. Essa assertiva decorre da constatação do *caput* do art. 3º da Lei de Inovação, que passou a fazer referência apenas ao termo "empresas", sem qualquer especificação ao enquadramento jurídico como "nacionais" ou "estrangeiras" como ocorria no texto da Lei de 2004. Além disso, o parágrafo único do art. 3º. da Lei de Inovação contemplou as redes e os projetos internacionais de pesquisa tecnológica como relevantes para a promoção da inovação no Brasil. Ainda, tanto a previsão contida no parágrafo único do art. 3º. da Lei de Inovação (versão da Lei nº 13. 243/16), quanto as demais referências ao termo "instituições privadas" (como partes legítimas para celebrar contratos e negócios com as

[12] As redes de inovação constituem atividades que promovem o relacionamento entre os diversos atores, por meio de troca de experiência e informações técnicas e com viés de empreendedorismo, fortalecimento de grupos de pesquisa e criação de cultura voltada para a importância da inovação. Dentre esses exemplos de rede de inovação, têm-se a Rede Mineira de Inovação, a Rede Paulista de Incubadoras de Empresas de Base Tecnológica, a Rede de Tecnologia e Inovação do Rio de Janeiro, dentre outros. Vide obra denominada "Conheça as 32 Redes de Colaboração para a Inovação no Brasil" em http://recepeti1.hospedagemdesites.ws/wp-content/uploads/2015/03/ebook_redes.pdf.

ICTs e sem qualquer menção à nacionalidade) validam as sociedades empresárias estrangeiras como beneficiárias da Lei de Inovação.

Essa validação possibilita às sociedades e investidores estrangeiros a utilizarem as regras flexíveis da Lei de Inovação para firmar as parcerias com as ICTs, assim como para a inserção das organizações sem fins lucrativos em seus programas de PD&I, a possibilidade dos funcionários dessas organizações sem fins lucrativos receberem bolsas governamentais para a execução do projeto de PD&I no território brasileiro[13] e atividades de extensão tecnológica, além de usufruírem das regras flexíveis de apropriação tecnológica.

Tal compreensão é reforçada pelo art. 3º-C, que trata de estímulos, pelos entes da federação, para atrair centros de PD&I de empresários estrangeiros para interagirem com ICTs e sociedades empresárias locais. Mais importante, o parágrafo 6º do art. 19, particularmente o inciso V, adota diretrizes para a "**adoção de mecanismos para atração, criação e consolidação de centros de pesquisa e desenvolvimento de empresas brasileiras e estrangeiras**", no âmbito do conjunto de regras sobre o estímulo à inovação nas organizações de natureza empresarial.

Nesta mesma esteira, a Lei de Inovação revelou a importância da atuação das organizações não governamentais sem fins lucrativos[14], como promotoras de ino-

[13] A concessão de bolsas estará regulada por ato normativo emitido por cada órgão que a conceder, nos termos dos artigos 9-A e 34 da Lei de Inovação.

[14] As entidades sem fins lucrativos é um termo genérico utilizado para designar as diferentes pessoas jurídicas de direito privado que não exercem atividades lucrativas ou econômicas. Elas são compreendidas dentro do conceito de "associação", nos termos dos artigos 53 a 68 do Código Civil Brasileiro (Lei Federal no. 10.406, de 10 de janeiro de 2020). Neste ponto, Cristiano Chaves de Farias e Nelson Rosenvald ensinam que "é preciso, entrementes, uma interpretação *cum grano salis* da referida norma. Veja-se que as associações podem (e, por que não dizer, devem) ter ganho financeiro. No entanto, o eventual lucro obtido no exercício da atividade associativa será replicado na própria entidade, vedando-se a partilha entre os associados. Logo, a lei não veda o lucro nas associações, mas a sua divisão entre os associados. Equivale a dizer: o que não há nas associações é a persecução de lucro para a partilha entre os associados." (FARIAS; ROSENVALD, 2015, p.343). Ressalta-se que o propósito da associação é a consecução dos objetivos determinados por seus associados, que evolvem a promoção de atividades sociais, desportivas, profissionais, culturais e aquelas relacionadas à capacitação técnica e treinamento de pessoas.

vação, sendo a alteração substancial neste sentido ter ocorrido no *caput* do art. 19, que determinou ao Estado o fomento às entidades sem fins lucrativos que apoiem as atividades de pesquisa, desenvolvimento e inovação tecnológica, conforme se depreende da leitura específica:

> Art. 19. A União, os Estados, o Distrito Federal, os Municípios, as ICTs e suas agências de fomento promoverão e incentivarão a pesquisa e o desenvolvimento de produtos, serviços e processos inovadores em empresas brasileiras e em entidades brasileiras de direito privado sem fins lucrativos, mediante a concessão de recursos financeiros, humanos, materiais ou de infraestrutura a serem ajustados em instrumentos específicos e destinados a apoiar atividades de pesquisa, desenvolvimento e inovação, para atender às prioridades das políticas industrial e tecnológica nacional.

Ainda, o art. 3º. do Decreto Federal nº. 9.283/2018 foi taxativo ao incluir "entidades sem fins lucrativos" destinadas às atividades de desenvolvimento tecnológico no rol das pessoas jurídicas a terem o apoio da administração pública para promover as alianças estratégicas, a saber:

> Art. 3º A administração pública direta, autárquica e fundacional, incluídas as agências reguladoras, e as agências de fomento poderão estimular e apoiar a constituição de alianças estratégicas e o desenvolvimento de projetos de cooperação que envolvam empresas, ICT e entidades privadas sem fins lucrativos destinados às atividades de pesquisa e desenvolvimento, que objetivem a geração de produtos, processos e serviços inovadores e a transferência e a difusão de tecnologia.

A importância das associações no estímulo à inovação está no reconhecimento de que muitas delas são capacitadas tecnicamente e com infraestrutura própria para participar diretamente de projetos de PD&I e incorrer os riscos no desenvolvimento tecnológico. Esse é o caso exemplificado do "Hospital Israelita Albert Einstein", que é uma associação e está envolvida diretamente nos projetos de PD&I na área da saúde, seja pela existência de uma infraestrutura tecnológica interna, seja por meio do investimento em parcerias. Essa associação possui inclusive um Núcleo de Inovação Tecnológica (denominado de Centro de Inovação Tecnológica) que assessora juridicamente os projetos de PD&I, incluindo assuntos de propriedade intelectual e transferência de tecnologia.[15]

Para os serviços de capacitação e atividades de gestão da inovação ou suporte técnico, existem várias entidades de direito privado sem fins lucrativos que apoiam o ecossistema de inovação. Esse é o caso exemplificativo da Associação Catarinense de Tecnologia (ACATE), que fornece treinamento e assistência técnica, suporte jurídico, negocial e gestão de projetos a todas as pessoas físicas interessadas em capacitar-se para participar do processo de inovação[16]. Nesta mesma linha estão o SENAI, o SESI e o SESC (Sistema S), que se classificam como instituições privadas sem fins lucrativos ou associações e se inserem de maneira incisiva na promoção da inovação tecnológica brasileira, por meio de programas de capacitação profissional, treinamento e qualificação técnica superior.

Essas entidades são largamente conhecidas por exercerem "atividades de meio" no ambiente da inovação tecnológica, por não estarem diretamente envolvidas nos investimentos às parceiras, seja por meio do fornecimento de conhecimentos técnicos ou seja por aportes financeiros. A relevância das atividades está na capacitação de recursos humanos e capital intelectual, necessária para a utilização em laboratórios e outros ambientes de criação tecnológica, além de apoio laboratorial nas áreas de validação de dados técnicos, calibramento de equipamentos e pro-

[15] Disponível em Centro de Inovação Tecnológica (CIT) - Hospital Albert Einstein

[16] Vide em:https://webcache.googleusercontent.com/search?q=cache:7dgFZQ5ZQ5oJ:https://www.acate.com.br/+&cd=4&hl=pt-BR&ct=clnk&gl=br e http://webcache.googleusercontent.com/search?q=cache:uF0JTmF9g5cJ:www.portaldaindustria.com.br/senai/+&cd=1&hl=pt-BR&ct=clnk&gl=br ((SENAI)) e http://www.sesc.com.br/. (SESC).

dutos, dentre outros . As atividades dessas instituições são assim indispensáveis para o desenvolvimento tecnológico e se inserem adequadamente nos parâmetros da Lei de Inovação, seja no âmbito dos mecanismos de estímulo à inovação das sociedades empresárias, conforme explicitados nos artigos 19 e 20 da referida Lei Federal.

Acredita-se que o avanço da inovação em um ambiente empresarial requer capacitação técnica das pessoas que participam de PD&I e difundem os novos produtos inovadores para justificar que vale a pena investir no empreendedorismo e inovação. Daí a importância das "associações de meio" ou "atividades de inovação de meio", que são formadoras de capital intelectual e buscam o aprofundamento e profissionalismo do sistema atual de inovação.

Sob essa perspectiva, o Decreto nº. 5.798, de 7 de junho de 2006 (o qual regulamentou a Lei de Inovação – texto de 2004), trazia o conceito de serviços de apoio técnico à inovação, o que releva a importância dessas atividades complementares, como segue:

> Art. 2º. Para efeitos deste Decreto, considera-se:
>
> II - pesquisa tecnológica e desenvolvimento de inovação tecnológica, as atividades de: (...)
>
> e) serviços de apoio técnico: aqueles que sejam indispensáveis à implantação e à manutenção das instalações ou dos equipamentos destinados, exclusivamente, à execução de projetos de pesquisa, desenvolvimento ou inovação tecnológica, bem como à capacitação dos recursos humanos a eles dedicados;

O Manual de Frascati[17] aborda também esse tipo de atividade de apoio indireto e complementar às atividades de PD&I. Neste mesmo sentido, o Guia Prático da Lei do Bem, produzido pela ANPEI (2017), estabelece critérios para lançamento de despesas incorridas com inovação e revela os serviços de apoio, tratando-os da seguinte forma:[18]

> Essa tipologia de serviços é extremamente importante para a continuidade da PD&I, pois, por vezes, as empresas não têm estrutura de apoio para a execução de atividades específicas e, devido a essa situação, é obrigatória a contratação de serviços de terceiros com o objetivo de realizar um suporte ao projeto da empresa. Pode-se identificar e exemplificar, desde já, algumas dessas situações, nomeadamente: serviços de armazenamento de produtos (o não armazenamento em condições adequadas pode comprometer o resultado da pesquisa), desenvolvimento de sistemas (que servirão de insumo para a pesquisa desenvolvida), movimentação e transporte de cargas, serviços de geoprocessamento, *bodyshop de software*, metalografia, entre outros. Tais atividades servem de apoio à PD&I. Neste Guia, os dados sobre recursos humanos atuantes diretamente nas atividades de PD&I incluem-se naturalmente no seu cômputo. Adicionalmente, as atividades administrativas e os trabalhos burocráticos, mesmo que realizados exclusivamente com finalidades de apoio à PD&I e, principalmente, quando realizadas nos serviços centrais en-

[17] O Manual Frascati é um documento produzido pela OCDE e estabelece uma metodologia para coleta de estatísticas sobre pesquisa e desenvolvimento tecnológico. Portanto, apresenta diversos conceitos e afirmações para a promoção das atividades de inovação. Esse documento é uma referência para aqueles que incorrem em atividades de inovação. Vide https://www.oecd.org/sti/inno/frascati-manual.htm

[18] A relevância do Guia da ANPEI para os assuntos de inovação tecnológica, principalmente as atividades de meio está no fato deste documento ter sido elaborado em parceria com os técnicos e profissionais do Ministério da Ciência, Tecnologia, Inovação e Comunicação (MTIC), o que reflete largamente o pensamento das autoridades governamentais quanto à aceitação dos "serviços de meio" como indispensáveis para a inovação tecnológica.

> carregados de finanças e de pessoal de PD&I, não devem ser computadas como PD&I propriamente dita. A rubrica "Outros/Serviços de apoio técnico" costuma receber muitos lançamentos que não se caracterizam como "Apoio técnico", como é estritamente requerido no FORMP&D. A consequência é que muitas contratações cujo escopo não cabe como Apoio Técnico, são lançadas nessa rubrica. Por exemplo, a contratação e transferência da execução da pesquisa e do desenvolvimento por empresas de grande porte, ou as terceirizações de clara atividade técnica essencial ao projeto e que obriga a um risco tecnológico não da contratante, mas sim, da contratada. Tais situações constituem alocações indevidas e, portanto, foram consideradas como "problemas com dispêndios de natureza grave". (ANPEI, 2017, p.55)

Mesmo tendo o Decreto nº. 5.798/2006 sido revogado pelo Decreto nº. 9.283/2018, o que eliminou uma referência expressa às "atividades de meio" para a inovação tecnológica, é possível que os artigos 19 e 20 da Lei de Inovação sejam analisados extensivamente e permita que recursos financeiros, humanos e materiais sejam assegurados pelas agências de fomento da União, Estado, Distrito Federal e Municípios às associações e entidades sem fins lucrativos para promoverem as referidas "atividades de meio". Logicamente, esses recursos financeiros podem ocorrer quando as "associações de meio" estiverem intrinsecamente relacionadas à promoção da inovação tecnológica.

1. O Enquadramento das Pessoas Jurídicas de Direito Privado Sem Fins Lucrativos no Sistema Nacional de Inovação: ICT ou Associação?

Tendo em vista a ampliação do rol dos agentes que integram o Sistema de Inovação Tecnológica, por meio das modificações implementadas pela Constituição Federal de 1988 e pela Lei Federal nº. 13.243/2016, indaga-se se as associações classificadas como prestadoras de serviços ou executoras de "atividades de meio" se encaixam na formatação das Instituições Científicas, Tecnológica e de Inovação (ICTs) privadas de forma a se beneficiarem das flexibilidades implementadas pelo texto atual da Lei de Inovação.

Essa indagação é considerada relevante para as instituições integrantes do "SISTEMA S"[19], pois são conhecidas pela formação de recursos humanos necessários para o ambiente industrial e para o atendimento às necessidades dos empresários que financiam essas instituições. Na área da inovação tecnológica, elas vêm atuando na capacitação de profissionais e técnicos para os laboratórios onde são realizadas a pesquisa e o desenvolvimento de novas tecnologias.

Algumas dessas instituições possuem também laboratórios equipados para a realização de testes de monitoramento, calibragem, avaliação de resistência, validação da eficácia de resultados tecnológicos e outros equipamentos para a prestação d serviços complementares. Existem também organizações corporativas que vão além da prestação de serviços de aprendizagem profissional e atividades complementares à inovação tecnológica, por se envolverem em projetos para o efetivo desenvolvimento tecnológico. Dentre eles, podem ser citados os Institutos Senai de Inovação do Estado de São Paulo[20], que vêm liderando projetos na área tec-

---

[19] As instituições integrantes do SISTEMA S são o Serviço Nacional de Aprendizagem Industrial (SENAI), Serviço Social do Comércio (SESC), Serviço Social da Indústria (SESI) e Serviço Nacional de Aprendizagem do Comércio (SENAC), Serviço Nacional de Aprendizagem Rural (SENAR), o Serviço Nacional de Aprendizagem do Cooperativismo (SESCOOP), o Serviço Social de Aprendizagem do Transporte (SENAT), o Serviço Social de Transporte (SEST) e o Serviço Brasileiro de Apoio às Micro e Pequenas Empresas (SEBRAE). Todas elas são mantidas com recursos financeiros de sociedades empresárias, por meio das contribuições sociais de cada setor, conforme estabelecido pelo art. 149 da Constituição Federal. Elas disponibilizam uma série de serviços de capacitação profissional por meio de atividades culturais, cursos técnicos, assim como formação em inovação tecnológica, dentre outros. Vide https://www12.senado.leg.br/noticias/glossario-legislativo/sistema-s e https://agenciabrasil.ebc.com.br/economia/noticia/2020-09/agencia-brasil-explica-o-que-e-o-sistema-s

[20] Os Institutos SENAI de Inovação decorreram do processo político de Mobilização Empresarial pela Inovação (MEI), que foi lançado em 2008 durante o Encontro Nacional da Indústria com o objetivo de posicionar as associações corporativas empresariais para o estímulo às atividades inovadoras. O objetivo já naquela época era ampliar a efetividade das políticas de apoio à inovação, de

nológica e estabelecendo plataformas tecnológicas nas áreas de manufatura avançada e microfabricação, materiais avançados e nanocompostos e biotecnologia[21], sendo relevante mencionar as seguintes plataformas tecnológicas para inovação, por exemplo[22]:

- Processos e Tecnologias para Microfabricação, Design e Desenvolvimento de Produtos (Componentes, Equipamentos e Máquinas) e Sistemas de Microprodução.

- Desenvolvimento e Otimização de Bioprocessos com Cultura Celular, Micro-organismos e Enzimas, Engenharia Genética e Desenvolvimento de Biomoléculas e Desenvolvimento de Produtos Inteligentes com Base Biológica.

- Metodologias de Design Computacional, Simulação, Caracterização, Análise e Prototipagem de Novos Materiais, Modificação de Superfícies e Desenvolvimento de Adesivos Estruturais, Desenvolvimento de Biomateriais e Respectivos Processos, Desenvolvimento de Cerâmicas Avançadas e Respectivos Processos, Desenvolvimento de Materiais Compósitos e Leves e Respectivos Processos.

Existe ainda o Programa Inova Talentos[23], criado em 2014, que evidencia o envolvimento direto do IEL na promoção tecnológica, por meio das "atividades meio". Existe aqui uma parceria entre o IEL e o Conselho Nacional de Desenvolvimento Científico e Tecnológico (CNPq), em que determinam as obrigações do IEL para

---

forma a revestir as organizações corporativas da incumbência da formação de mão de obra técnica, além do suporte de maquinários para a medição de resultados tecnológicos. GALDINO, E., & Vilha, A., M. (2019). A contribuição dos institutos SENAI de inovação no ambiente de inovação empresarial: um estudo de caso dos institutos do estado de São Paulo. *International Journal of Professional Business Review*, 4 (1). p. 4.

[21] GALDINO, idem. p. 9. Veja também Institutos SENAI de Inovação.

[22] Idem. ibidem.

[23] Vide Edital do Inova Talentos - IPT Open Experience prevê R$ 114 milhões para projetos de pesquisa - Agência CNI de Notícias (portaldaindustria.com.br)

realizar todo o trabalhado de recrutamento, seleção e capacitação profissional e acadêmica para a área de inovação. Ao CNpq, existe a incumbência do apoio financeiro por meio da concessão de bolsas.

As instituições integrantes do "SISTEMA S" são associações representativas de categoria patronal de caráter corporativo e organizadas na forma de pessoas jurídicas de direito privado sem fins lucrativos, por sócios instituidores e mantenedores, sendo que os recursos são obtidos dos próprios contribuintes que possivelmente usufruirão dos cursos humanos e serviços disponibilizados pelas instituições[24]. A classificação sob a nomenclatura comum "SISTEMA S" decorre da utilização da letra "S" como designativa de suas denominações sociais[25] e por terem características organizacionais e propósitos semelhantes, quais sejam a capacitação técnica de pessoas e profissionais para serem utilizados nas atividades empresariais e o direcionamento de atividades para cada setor específico em que a associação empresarial atua.

[24] Entende-se que a natureza jurídica dessas instituições se equipara às associações, conforme disposto nos termos dos artigos 53 a 61 do Código Civil (Lei Federal nº. 10.406, de 10 de janeiro de 2002), visto terem personalidade jurídica de direito privado e não terem fins lucrativos instituídos, não obstante o fato de serem instituídas pela Constituição Federal para a complementação de atividades do Estado e atuar em cooperação com o Poder Púbico. Elas possuem propósitos específicos para a promoção de atividades culturais, sociais e, logicamente, não empresariais. Por essa razão, essas instituições são compelidas a seguir os propósitos ou fins estatutários determinados por seus associados, conforme disposto no Estatuto Social. Existem divagações jurídicas quanto à natureza jurídica dessas instituições do Sistema "S", por receberem delegações expressas semelhantes àquelas executadas pelas entidades integrantes da Administração Pública. No entanto, as atividades delegadas não se sujeitam a qualquer controle ou intervenção estatal. Conforme explicitado por Maria Sylvia Zanella Di Pietro, as atividades exercidas pelas associações do SISTEMA S não foram delegadas pelo Estado, ou seja, elas não prestam serviços públicos delegados pelo estado. Elas executam atividades privadas que se enquadram como interesse publico, por serem identificadas pelo Estado como relevantes. As divagações jurídicas sobre a natureza jurídica das entidades integrantes do SISTEMA S podem ser vistas em DI PIETRO, Maria Sylvia Zanella. Direito Administrativo. 27. Ed. São Paulo: Atlas, 2014, p. 573-574. OLIVEIRA, T. B. de. Os Serviços Sociais Autônomos e a Vedação ao Retrocesso Social. In: Revista JML de Licitações e Contratos, Curitiba, n. 25, p. 45, dez. 2012.

[25] Lei nº 10.406 de 10 de janeiro de 2002:
"Art. 1.155. Considera-se nome empresarial a firma ou a denominação adotada, de conformidade com este Capítulo, para o exercício de empresa.
Parágrafo único. Equipara-se ao nome empresarial, para os efeitos da proteção da lei, a denominação das sociedades simples, associações e fundações."

Por serem enquadradas como associações, nos termos do Código Civil, essas instituições são compelidas a seguir os propósitos ou fins estatutários determinados por seus associados, conforme disposto no Estatuto Social. Esse enquadramento jurídico tem levado essas associações a modificarem os seus estatutos sociais para englobar explicitamente as atividades de inovação tecnológica ou redefinir as atividades de capacitação técnica, treinamento, desenvolvimento de programas estratégicos, estudos e diagnósticos, pesquisas, estimulação de intercâmbios de conhecimentos e disseminação da cultura e da prática do empreendedorismo, de forma a enquadrá-las como relacionadas ao desenvolvimento de novas tecnologias[26].

Acredita-se que a remodelação da linguagem das atividades objetiva a conformação ao novo marco legal da inovação, o que permitirá a equiparação conceitual a uma ICT assim como a celebração das parcerias tecnológicas com sociedades empresárias e universidades para a prestação de serviços na gestão administrativa dessas parcerias, assim como acessar recursos públicos na forma de financiamentos, subsídios e incentivos para a execução de projetos de PD&I.

Esse raciocínio justifica-se pela abrangência conceitual de ICT, que passou a incluir as pessoas jurídicas sem fins lucrativos, não restringindo-se mais às entidades de administração pública[27]. No entanto, essa abrangência veio acompanhada da necessidade de atendimento aos requisitos mínimos de enquadramento, os quais serão abordados a seguir.

---

[26] Vide reportagem explicitando o enquadramento das instituições integrantes do SISTEMA a como ICTs privadas: https://noticias.portaldaindustria.com.br/entrevistas/virando-a-pagina-iel--entra-2020-com-mais-inovacao-e-sustentabilidade/ Veja também RAUEN, C.V, O novo marco legal da inovação no Brasil: o que muda na relação ICT- empresa? Radar. n.43, fev.2016. Disponível em: http://repositorio.ipea.gov.br/bitstream/11058/6051/1/Radar_n43_novo.pdf

[27] Na versão de 2004 da Lei de Inovação, a definição limitada de ICT deixou de fora do Sistema Nacional da Inovação renomadas instituições de pesquisa, como a PUC, o Instituto Federal de Educação, Ciência e Tecnologia de Alagoas (IFAL), a Universidade Presbiteriana Mackenzie e as organizações sociais (CNPEM e RNP), dentre outras. Essas universidades privadas e associações têm, dentro do seu escopo, a pesquisa e o desenvolvimento de novas tecnologias e conhecimento. Note-se que a modificação conceitual de ICT já era esperada para eliminar uma anomalia latente na inovação, visto que a restrição conceitual ocasionou discriminações indesejáveis e justificáveis junto àquelas instituições de inovação.

1. Identificação de Requisitos para Enquadramento de Associações em ICT Privada

É possível destacar a existência de três grandes requisitos para a ampliação conceitual para fins de enquadramento de uma pessoa jurídica como ICT, quais sejam: (i) a natureza jurídica da ICT; (ii) a necessidade de comprovação do Brasil ser o local de constituição e foro legal; e (iii) a missão institucional ou objetivo social.

No que tange à natureza jurídica da ICT, esta deve ser pessoa jurídica de direito público, ou seja, entidades da administração pública direta ou indireta[28], ou pessoa jurídica de direito privado, sempre sem fins lucrativos. Estão fora desse enquadramento, portanto, as sociedades em geral, que são agrupamentos ou congregação de esforços de seus integrantes com objetivos econômicos. Quem compõe uma sociedade objetiva lucro, sendo essas sociedades divididas, no âmbito dos arts. 981 a 985 do CC, em sociedades empresárias (também comumente denomi-

[28] Os arts. 41 e 44 do Código Civil explicitam as pessoas jurídicas de direito público e aquelas de direito privado, que são entidades fictícias detentoras da capacidade de exercerem direitos e obrigações, senão, vejamos:

> Art. 41. São pessoas jurídicas de direito público interno:
> I - a União;
> II - os Estados, o Distrito Federal e os Territórios;
> III - os Municípios;
> IV - as autarquias, inclusive as associações públicas; (Redação dada pela Lei nº 11.107, de 2005)
> V - as demais entidades de caráter público criadas por lei.
> Parágrafo único. Salvo disposição em contrário, as pessoas jurídicas de direito público, a que se tenha dado estrutura de direito privado, regem-se, no que couber, quanto ao seu funcionamento, pelas normas deste Código.
>
> Art. 44. São pessoas jurídicas de direito privado:
> I - as associações;
> II - as sociedades;
> III - as fundações.
> IV - as organizações religiosas; (Incluído pela Lei nº 10.825, de 22.12.2003)
> V - os partidos políticos. (Incluído pela Lei nº 10.825, de 22.12.2003)
> VI - as empresas individuais de responsabilidade limitada. (Incluído pela Lei nº 12.441, de 2011)

nadas empresas) e as sociedades simples (agrupamentos profissionais e científicos como as sociedades de advogados e as sociedades de médicos, por exemplo).

Por outro lado, as pessoas jurídicas de direito privado englobam associações[29] e as fundações privadas[30], que possuem como característica fundamental a agregação de esforços para alcançar objetivos não econômicos, que são normalmente de relevância social, cultural e educacional.

As entidades da administração pública direta são aquelas ligadas diretamente ao Poder Executivo, como a União, os Estados, Municípios e o Distrito Federal. Já as indiretas são compostas pelas autarquias, pelas associações públicas, pelas sociedades de economia mista, pelas empresas públicas, pelas empresas concessionárias e permissionárias de serviços públicos, pelas universidades públicas, pelos centros públicos de pessoas como FIOCRUZ, dentre outros[31] (DI PIETRO, 2003).

Com relação ao segundo requisito formador das denominadas Instituições Científicas e Tecnologias (ICTs) tem-se a necessidade de a instituição ser legalmente constituída no Brasil e ter consequentemente a sua sede no território brasileiro. Esse requisito limita a classificação das organizações estrangeiras não governamentais ou associações estrangeiras como ICTs, pois essas pessoas jurídicas são constituídas no exterior com regência da lei e foro estrangeiro. Essa exclusão não interfere na possibilidade de as associações estrangeiras com foco na inovação participarem dos Projetos de PD&I com sociedades empresariais brasileiras assim com as ICTs locais ou mesmo contratar tecnologia desses agentes. No entanto, elas estão desqualificadas para o recebimento de financiamentos públicos, subsídios e para participar de eventos envolvendo a incidência da Lei do Bem (Lei Federal nº. 11.195/2005).

---

[29] Artigos. 53 a 61 do Código Civil.

[30] Artigos 63 a 69 Código Civil.

[31] Releva-se para a administração pública indireta o interesse ou objetivo social, sendo desconsiderada a participação privada no capital da entidade, como é o caso da PETROBRAS e BANCO DO BRASIL por exemplo. DI PIETRO, M. S. Z. **Direito administrativo**. 15. ed. Editora Atlas: São Paulo, 2003, p.361-390

Finalmente, é necessário identificar a existência de missão institucional ou objetivo social, previsto em estatuto social, que confirme o envolvimento da entidade em pesquisa básica ou aplicada de caráter científico ou tecnológico ou o envolvimento direto em desenvolvimento de novos produtos e/ou serviços.

Destaca-se neste ponto que a missão institucional ligada à pesquisa científica e inovação deve ser aquela exercida pela entidade pública ou privada, pois os objetivos previstos em estatutos devem ser aqueles que, efetivamente na prática, são executados pela instituição. Ponto crucial para justificar o enquadramento em ICT seria a comprovação de infraestrutura tecnológica para o propósito de exercício das atividades de PD&I, devendo ser comprovado nesses tipos de atividades o elemento do "risco tecnológico". O "risco tecnológico" é compreendido como a incerteza objetiva e técnica dos agentes envolvidos em inovação em alcançarem o produto/serviço tecnológico desenhado,[32] seguindo a conceituação prevista no Item III do art. 2º. Do Decreto no. 9283, de 7 de fevereiro de 2018, senão vejamos:

> "Art. 2º. Para fins do disposto neste Decreto, considera-se: (...)
>
> III – risco tecnológico – possibilidade de insucesso no desenvolvimento de solução, decorrente de processo em que o resultado é incerto em função do conhecimento técnico-científico insuficiente à época em que se decide pela realização da ação;"

Portanto, os investimentos em inovação tecnológica são complexos e exigem uma infraestrutura tecnológica para aquelas "instituições de fim" (ICTs), que estão na

[32] Conforme a lição de Barbosa (2011), risco tecnológico ou técnico é conceituado como a incerteza de que determinados meios serão capazes de produzir o resultado esperado num dado contexto técnico. Observa-se que a esse risco técnico é somado o chamado risco de mercado, resultando, por consequência, na caracterização do maior desafio no que concerne à inovação. É justamente com o intuito de superar esse desafio inerente à inovação que "o Estado lança mão de diversos incentivos, tais como a concessão de direitos de exclusiva, o direcionamento de seu poder de compra, subvenções diretas e indiretas, e arranjos público-privados." (LESSA, 2011, p. 426).

"linha de produção tecnológica" para desenvolver novos produtos.

A execução das atividades de uma associação com viés tecnológico dentro do que está disposto em seus estatutos e o enquadramento em atividades de inovação torna-se relevante em vista do disposto na Teoria Ultra Vires, que incide às sociedades de um modo geral, e determinam ser nulos e ineficazes os atos praticados além do objeto social ou fora dele. Nas palavras de Celso Barbi Filho:

> São ultra vires não apenas os atos que excedem ao objeto social, mas também aqueles que, não sendo indispensáveis à realização do objeto social, não são expressamente autorizados pelo estatuto. Como também os atos de qualquer natureza por ele vedados. Quando uma sociedade, por meio de seus administradores, praticar atos contrários ou excedentes ao objeto social, não expressamente permitidos ou vedados pelo estatuto, responderá perante aqueles que, de boa-fé, sofreram prejuízos; sejam acionistas, sócios, credores, concorrentes ou terceiros direta ou indiretamente prejudicados. Assim, a sociedade responde perante terceiros, o administrador responde perante a sociedade, e ao sócio ou acionista fica ressalvado o direito à dissolução parcial ou à retirada. A sociedade só não responderá quando puder provar a má-fé de quem pretende responsabilizá-la. (BARBI FILHO, 1990, p. 28)

Aliás, os artigos 47 e 1015 do Código Civil determinam ser anuláveis[33] os atos praticados que forem estranhos ao objeto social de uma pessoa jurídica com a consequente responsabilização do representante legal pelos atos cometidos que sejam estranhos à sociedade, a saber:

---

[33] DE SOUZA, Leonam Machado. "A Eficácia ou Ineficácia dos Atos "Ultra Vires". http://www.publicadireito.com.br/artigos/?cod=75df63609809c7a2.

> Art. 47. Obrigam a pessoa jurídica os atos dos administradores, exercidos nos limites de seus poderes definidos no ato constitutivo.
>
> (...)
>
> Art. 1.015. No silêncio do contrato, os administradores podem praticar todos os atos pertinentes à gestão da sociedade; não constituindo objeto social, a oneração ou a venda de bens imóveis depende do que a maioria dos sócios decidir.
>
> Parágrafo único. O excesso por parte dos administradores somente pode ser oposto a terceiros se ocorrer pelo menos uma das seguintes hipóteses:
>
> I - se a limitação de poderes estiver inscrita ou averbada no registro próprio da sociedade;
>
> II - provando-se que era conhecida do terceiro;
>
> III - **tratando-se de operação evidentemente estranha aos negócios da sociedade**.

Neste ponto, vale relevar o disposto por TEPEDINO, que ao abordar o consagrado inciso III do parágrafo único do art. 1.016, concluiu pela não responsabilização da sociedade por atos cometidos ou executados por seus administradores que sejam evidentemente estranhos e assim afirmou[34]:

> "A definição do objeto social encontra-se no cerne desta teoria, delimitando-se a partir daí os atos considerados ultra vires.

[34] TEPEDINO, Gustavo; BARBOSA, Heloisa; MORAES, Maria. Código Civil interpretado conforme a Constituição da República. Vol. III. Rio de Janeiro: Renovar, 2014. p. 106.

> Em razão desta relevância, impõem-se à sociedade o dever de descrever de modo preciso e completo as atividades (gênero e objeto) por ela desempenhadas. Com base nessa teoria, todos os negócios estranhos à atividades enumeradas na object clause consideram-se nulos, não se vinculando a eles a sociedade. Parte-se, pois, da presunção absoluta de má-fé do terceiro que sabe, ou deveria saber, que o ato praticado não se relaciona com o objeto social."

Mesmo que a Ultra Vires (excesso de poderes ou inobservância do contrato social) seja uma teoria que efetiva responsabilização de administradores de sociedades com fins lucrativos (sociedades empresárias), entende-se que as associações estão encampadas por essa responsabilização daqueles que executarem atos fora do Estatuto social. Tal assertiva decorre do fato de as associações (entidades sem fins lucrativos) serem pessoas jurídicas, dotadas de personalidade e, portanto, passíveis de responsabilização.

Nesta perspectiva, não basta apenas que a pesquisa científica e tecnológica esteja prevista no Estatuto Social como atividade de inovação, para que essa associação ou pessoa jurídica de direito privado sem fins lucrativos seja classificada como uma ICT. Torna-se necessário que ela exerça efetivamente essas atividades, o que exige comprovação da capacidade de infraestrutura tecnológica para a inovação, quais sejam maquinários, espaço físico, pessoal tecnicamente qualificado, ou seja, ter o seu corpo interno voltado para a solução de problemas do mercado interno[35].

---

[35] Conforme Bruno Monteiro Portela, o simples fato de estipular a inovação no objeto de um estatuto social já seria suficiente para enquadrar uma pessoa jurídica sem fins lucrativos como uma ICT, visto que a Lei de inovação não exige requisitos comprobatórios dessa atividade científica e tecnológica. Além disso, as ICTs prescindem de um "carimbo oficial ou chancela institucional" para a sua qualificação como tal. (PORTELA, 2020, p.84-85). Este artigo não compartilha desse entendimento, pois as ICTs necessitam manter infraestrutura científica e técnica, para a pesquisa básica e para o desenvolvimento de novos produtos. Adiciona-se a Teoria Ultra Vires anteriormente comentada que reforça a necessidade de evidenciar infraestrutura específica para inovação.

Em vista dos requisitos mínimos para o enquadramento em uma ICT, entende-se que a alteração proposta para estatutos sociais das instituições que integram o SISTEMA S e outras associações voltadas para "atividades meio" para a inovação não é por si só suficiente para classificá-las como ICTs privadas e fazer com que o mesmo usufrua de benefícios da Lei de Inovação e obtenha financiamento e subsídios públicos como se uma ICT fosse.

Afirma-se nesse sentido que aquelas atividades que estão relacionadas como gestão da inovação, mas não como "atividades fins" de promoção da inovação, podem comprometer o efetivo enquadramento das organizações em ICTs privadas.

Por esta razão, seria vedado às instituições compostas essencialmente por "atividades meios" e não atividades fins para a promoção da inovação celebrar acordos de parceria com instituições privadas e públicas para a realização de atividades conjuntas de pesquisas científica, tecnológica e de inovação, nos termos do art. 9º. da Lei de Inovação, além de outros arranjos jurídicos que requerem um envolvimento psicológico mais intenso com os parceiros (exigem Plano de Trabalho específico) e investimentos mais pesados (financeiros e de tempo).

Levando esse raciocínio para a Lei do Bem[36], uma sociedade empresária não poderá se beneficiar da dedução prevista no inciso I do art. 17 ou mesmo do art. 19-A da Lei do Bem por eventuais dispêndios disponibilizados a uma instituição ou associação que não compreenda infraestrutura tecnológica específica e é incapaz para incorrer e/ou compartilhar "risco tecnológico". Em termos práticos, o enquadramento como ICT privada de uma instituição sem infraestrutura tecnológica traria possivelmente problemas quando financiamentos públicos passassem a ser direcionados para ela ou caso recebam investimentos de sociedades empresárias para a realização de desenvolvimentos tecnológicos e esses investimentos forem utilizados para a obtenção de créditos e dedutibilidades fiscais. Em ambos os casos, existem fiscalizações eficazes das autoridades tributárias e órgãos de fomento.

---

[36] A renomada Lei do Bem refere-se à Lei Federal nº 11.196, de 21 de novembro de 2005.

Não obstante, deve-se lembrar de que as "atividades de meio" exercidas por várias instituições capacitadoras de recursos humanos técnicos e atividades de testes são reconhecidamente relevantes para a promoção da inovação tecnológica, principalmente dentro desse novo ambiente cooperativo. Além disso, as entidades nacionais de direito privado sem fins lucrativos (as associações) foram inseridas como agentes do sistema nacional de inovação, o que permite que as instituições possam celebrar acordos de parcerias com sociedades empresárias, startups, ICTs (dentre outros) e participar dos ambientes especializados e cooperativos para a inovação com as suas atividades de gestão da inovação, que incluem capacitação técnica e aprimoramento de pessoas de seus parceiros, incluindo a captação de bolsas para a formação técnica.

Nesta perspectiva, entende-se ser juridicamente possível que uma sociedade empresária usufrua dos benefícios da Lei do Bem por dispêndios realizados em gestão da inovação (ou seja, investimentos direcionados para uma instituição do SISTEMA S, por exemplo, quando envolva uma aliança estratégica entre uma ICT (detentora de tecnologia), a sociedade empresária e a instituição. Deve-se ainda deixar caracterizado na parceria que o investimento será direcionado para o desenvolvimento de novos produtos/serviços dentro da aliança desde que comprovada infraestrutura tecnológica da instituição.

Por outro lado, entende-se não ser possível que uma sociedade empresária usufrua da Lei do Bem pelos investimentos realizados diretamente em uma instituição do SISTEMA S essencialmente para contratar serviços humanos ou treinamento técnico ou para gerir bolsas para capacitação de seu pessoal técnico na área de inovação, sem que este investimento esteja necessariamente dentro de um Projeto de PD&I maior ou não esteja inserida em um ambiente especializado e cooperativo de inovação[37] ou não seja comprovada a infraestrutura tecnológica. (DIAS, 2015).

[37] Com relação ao acesso e à obtenção de recursos públicos na forma de subvenções e financiamentos, devem-se atentar aos termos e condições de cada programa. Vide a parceria entre o Instituto Euvaldo Lodi (IEL) e o Banco Nacional de Desenvolvimento Econômico e Social (BNDES), que possibilitou o uso do Cartão de Crédito BNDES para suportar financeiramente a participação das empresas no Programa Inova Talentos. Recomenda-se a leitura da informação disponibilizada

Comentários Finais e Recomendações

Pela leitura do texto da Lei de Inovação Tecnológica, incluído pela Lei nº. 13.243/2016, observa-se que os avanços implementados ao sistema de inovação tecnológica brasileira foram significativos e adequados para estimular a construção de ambientes especializados e cooperativos de inovação criados pelo art. 3º. da referida lei de Inovação e regulados pelos arts. 6 a 10 do Decreto nº. 9.283, de 7 de fevereiro de 2018. Os ambientes mais relevantes de cooperação para a inovação são as redes cooperativas, os ambientes de incubação, os parques e os polos tecnológicos. Esses ambientes são compreendidos como espaços aglutinadores de massa intelectual/técnica capacitada, empresários concorrentes, startups e empreendedores, com disponibilização de laboratórios, promoção de rodadas ou oficinas de discussão e criatividade, treinamento e capacitação gerencial, dentre outros.[38] Eles são ideais para a propagação dos acordos de parceria tecnológica, principalmente entre instituições públicas e privadas.

Nesta mesma toada, os mecanismos de cooperação foram reajustados para permitir a participação de mais um tipo de pessoa jurídica como agente de inovação tecnológica, qual seja a pessoa jurídica de direito privado e sem fins lucrativos, nos termos do Item IV do art. 2º. Com essa modificação, as ICTs não estão mais restritas às entidades da administração pública. Elas abrangem também as entidades privadas, desde que não tenham fins econômicos (conforme determinado pelo art. 54 do Código Civil) e tenha em seu estatuto ou missão institucional o desenvolvimento de novos produtos e processos tecnológicos e/ou a pesquisa básica ou aplicada de cunho científico.

---

em https://webcache.googleusercontent.com/search?q=cache:0UKSkICDlgkJ:https://www.rn.iel.org.br/2017/11/24/parceria-iel-preve-financiamento-de-empresas-inova-talentos-com-o-cartao-bndes/+&cd=5&hl=pt-BR&ct=clnk&gl=br

[38] Os ambientes cooperativos de inovação são pontos direcionados à promoção do empreendedorismo com conexão rápida e imediata de seus partícipes e com suporte técnico, administrativo e jurídico, além do que muitas vezes permite o compartilhamento de infraestrutura laboratorial, recursos humanos e acesso aos apoios financeiros. PORTELA, Bruno et al. "Marco Legal de Ciência, Tecnologia e Inovação no Brasil". Editora Jus Podium. Salvador. 2020. pp. 141-163.

Com essa expansão, surgiram questionamentos sobre o enquadramento de uma pessoa jurídica sem fins econômicos ou associação em ICT, quando a missão é o desenvolvimento tecnológico, mas as atividades estão voltadas, na prática, para a gestão do conhecimento, formação de recursos humanos e assistência no uso de equipamentos complementares à atividade da inovação. Esse é o caso das instituições do SISTEMA S, que prestam serviços ou exercem atividades denominadas "de meio" e não objetivam necessariamente o desenvolvimento tecnológico, nem vislumbram a existência do risco tecnológico.

A relevância desse questionamento do enquadramento das associações em ICTs decorre dos benefícios que as ICTs possuem no ambiente de inovação tecnológica, que variam do recebimento de financiamento governamentais à celebração de parcerias tecnológicas com sociedades empresárias com o consequente enquadramento dos valores disponibilizados às parcerias como passíveis de serem enquadrados como benefícios ou créditos fiscais.

Conforme observado no presente artigo, torna-se indispensável que o objetivo de inovação direta esteja compatível com a efetiva atividade (atividade executada no dia a dia) pelas entidades serem classificadas como ICTs. Isso significa que, além da necessidade de evidenciar que são pessoas jurídicas sem fins lucrativos e evidenciar que a pesquisa básica aplicada ou o desenvolvimento tecnológico integra a missão ou estatutos sociais, torna-se indispensável que haja uma compatibilidade entre a missão e o conteúdo das atividades que efetivamente exercem no dia a dia. O desenvolvimento tecnológico ou a realização de pesquisa básica e científica exige a existência de infraestrutura tecnológica por parte da ICT, que deve compartilhar do "risco tecnológico" com os seus parceiros para esse desenvolvimento. Portanto, a alteração do Estatuto Social não torna essa instituição uma ICT, nos termos do inc. V do art. 2º. da Lei nº. 10.973/2004.

Leia-se "infraestrutura tecnológica" como existência de laboratórios para realização de pesquisa ou desenvolvimento tecnológico e/ou de equipamentos utilizados para o desenvolvimento. No ponto dos equipamentos, lembramos que as ICTs podem prestar serviços de natureza técnica especializada voltadas para a inovação. Isso significa que a capacitação interna de uma ICT e equipamentos para realizar calibramento, teste monitorado, constatação de durabilidade de equipamentos desenvolvidos, dentre outros, desde que esteja dentro do conceito de ambiente produtivo, são formas de evidenciar infraestrutura tecnológica.

Dessa maneira, é relevante a apresentação de evidências de infraestrutura tecnológica (equipamentos, capital humano, suporte tecnológico) além das atividades de gestão da inovação. A atividade de gestão da inovação, por si só, não é suficiente para caracterizar a Instituição como ICT.

Neste mesmo sentido, infraestrutura tecnológica significa a existência de um corpo técnico humano dentro da entidade sem fins lucrativos – um IEL, por exemplo, ais como engenheiros, biotecnólogos e outros profissionais com formação técnica consistente para a promoção da inovação e parceria/prestação de serviço para as empresas.

Por conseguinte, os riscos de uma entidade privada sem fins lucrativos em intitular-se ICT relacionam-se à possibilidade de obtenção de recursos públicos e financiamentos do governo para suportar suas atividades, com base nas "atividades de meio". Na eventualidade de obter tais recursos, a entidade privada sem fins lucrativos poderá ser questionada pelos órgãos governamentais sobre a destinação dos recursos disponibilizados, ou seja, sobre um eventual uso inadequado desses recursos. Se tais recursos forem direcionados para a pesquisa básica ou aplicada de caráter científico tecnológico ou o desenvolvimento de novos produtos, serviços ou processos, acredita-se que essa entidade privada terá dificuldades em enquadrar o uso dos recursos para capacitação técnica de empregados de empresas e concessão de bolsas para alunos. Portanto, existe o risco de devolução de valores que forem aplicados em contrariedade ao edital de financiamento.

Referências Bibliográficas

ARBI FILHO, C. **Apontamentos sobre a teoria "ultra vires" no direito societário brasileiro.** *In*: Revista Forense, São Paulo, v. 305 (Separata), pp. 22-28, 1990.

ASSAFIM, J. M. de L. **A transferência de tecnologia no Brasil:** aspectos contratuais e concorrenciais da propriedade industrial. Rio de Janeiro: Lumen Juris, 2005.

ASSOCIAÇÃO NACIONAL DE PESQUISA E DESENVOLVIMENTO DAS EMPRESAS INOVADORAS (ANPEI). **Guia da Lei do Bem**. out./2017. Disponível em: <https://www.mctic.gov.br/.../lei_bem/.../Guia-da-lei-do-Bem-Outubro-de-2017.pdf>. Acesso em: 3 jul. 2019.

BARBOSA, D. B. **Direito da inovação: comentários à Lei Federal de Inovação, incentivos fiscais à inovação, legislação estadual e local, poder de compra do Estado (modificações à Lei de Licitações)**. 2. ed. Rio de Janeiro: Lumen Juris, 2011.

BRASIL. Constituição da República Federativa do Brasil de 1988. **Diário Oficial [da] República Federativa do Brasil**, Poder Executivo, Brasília, DF, 5 out. 1988. Disponível em: <http://www.planalto.gov.br/ccivil_03/constituicao/constituicao.htm >. Acesso em: 4 jul. 2019.

______. Decreto nº 5.798, de 7 de junho de 2006. Regulamenta os incentivos fiscais às atividades de pesquisa tecnológica e desenvolvimento de inovação tecnológica, de que tratam os arts. 17 a 26 da Lei no 11.196, de 21 de novembro de 2005. **Diário Oficial [da] República Federativa do Brasil**, Poder Executivo, Brasília, DF, 8 jun. 2006. Disponível em: <http://www.planalto.gov.br/ccivil_03/_Ato2004-2006/2006/Decreto/D5798.htm>. Acesso em: 26 jul. 2019.

______. Decreto nº 9.283, de 7 de dezembro de 2018. Regulamenta a Lei nº 10.973, de 2 de dezembro de 2004, a Lei nº 13.243, de 11 de janeiro de 2016 [...]. **Diário Oficial [da] República Federativa do Brasil**, Poder Executivo, Brasília, DF, 8 fev. 2018. Disponível em: <http://www.planalto.gov.br/cciViL_03/_Ato2015-2018/2018/Decreto/D9283.htm>. Acesso em: 13 jul. 2018.

______. Emenda Constitucional nº 85, de 26 de fevereiro de 2015. Altera e adiciona dispositivos na Constituição Federal para atualizar o tratamento das atividades de ciência, tecnologia e inovação. **Diário Oficial [da] República Federativa do Brasil**, Poder Executivo, Rio de Janeiro, DF, 3 mar. 2015. Disponível em: <http://www.planalto.gov.br/ccivil_03/constituicao/Emendas/Emc/emc85.htm>. Acesso em: 27 jul. 2019.

______. Lei nº 8.010, de 29 de março de 1990. Dispõe sobre importações de bens destinados à pesquisa científica e tecnológica, e dá outras providências. **Diário Oficial [da] República Federativa do Brasil**, Poder Executivo, Brasília, DF, 2 abr. 1990. Disponível em: <http://www.planalto.gov.br/ccivil_03/LEIS/1989_1994/L8010.htm>. Acesso em: 12 jul. 2019.

______. Lei n. 10.406, de 10 de janeiro de 2002. Institui o Código Civil. **Diário Oficial [da] República Federativa do Brasil**, Poder Executivo, Brasília, DF, 11 jan. 2002. Disponível em: <http://www.planalto.gov.br/ccivil_03/leis/2002/l10406.htm>. Acesso em: 04 fev. 2015.

______. Lei n. 10.973, de 2 de dezembro de 2004. Dispõe sobre incentivos à inovação e à pesquisa científica e tecnológica no ambiente produtivo e dá outras providências. **Diário Oficial [da] República Federativa do Brasil**, Poder Executivo, Brasília, DF, 3 dez. 2004. Disponível em: <http://www.planalto.gov.br/ccivil_03/_ato2004-2006/2004/lei/l10.973.htm>. Acesso em: 04 fev. 2015.

______. Lei nº 11.107, de 6 de abril de 2005. Dispõe sobre normas gerais de contratação de consórcios públicos e dá outras providências. **Diário Oficial [da] República Federativa do Brasil**, Poder Executivo, Brasília, DF, 7 abr. 2015. Disponível em: <http://www.planalto.gov.br/ccivil_03/_Ato2004-2006/2005/Lei/L11107.htm>. Acesso em: 28 set. 2019.

BRASIL. Lei nº 11.196, de 21 de novembro de 2005. Institui o Regime Especial de Tributação para a Plataforma de Exportação de Serviços de Tecnologia da Informação – REPES [...]. **Diário Oficial [da] República Federativa do Brasil**, Poder Executivo, Brasília, DF, 22 nov. 2005. Disponível em: <http://www.planalto.gov.br/ccivil_03/_ato2004-2006/2005/lei/l11196.htm>. Acesso em: 12 mar. 2015.

______. Lei 11. 487, de 15 de junho de 2007. Altera a Lei nº 11.196, de 21 de novembro de 2005, para incluir novo incentivo à inovação tecnológica [...]. **Diário Oficial [da] República Federativa do Brasil**, Poder Executivo, Brasília, DF, 15 jun. 2007. Disponível em: <http://www.planalto.gov.br/ccivil_03/_Ato2007-2010/2007/Lei/L11487.htm>. Acesso em: 28 jul. 2019.

______. Lei nº 13.243, de 11 de janeiro de 2016. Dispõe sobre estímulos ao desenvolvimento científico, à pesquisa, à capacitação científica e tecnológica e à [...]. **Diário Oficial [da] República Federativa do Brasil**, Poder Executivo, Brasília, DF, 12 jan. 2016. Disponível em: <http://www.planalto.gov.br/ccivil_03/_ato2015-2018/2016/lei/l13243.htm>. Acesso em: 13 jul. 2018.

______. Lei nº 13.3030, de 30 de junho de 2016. Dispõe sobre o estatuto jurídico da empresa pública, da sociedade de economia mista e de suas subsidiárias, no âmbito da União, dos Estados, do Distrito Federal e dos Municípios. **Diário Oficial [da] República Federativa do Brasil**, Poder Executivo, Brasília, DF, 1º jul. 2016. Disponível em: <http://www.planalto.gov.br/ccivil_03/_ato2015-2018/2016/lei/l13303.htm>. Acesso em: 27 set. 2019.

CONSELHO NACIONAL DE DESENVOLVIMENTO CIENTÍFICO E TECNOLÓGICO – CNPq. **Centro de Memória**. Disponível em: <http://centrodememoria.cnpq.br/fomento97.html>. Acesso em: 20 out. 2020.

DE NEGRI, J; SALERNO, M. (Orgs.). Inovações, padrões tecnológicos e desempenho das firmas industriais brasileiras. Brasília: IPEA, 2005.

DI PIETRO, M. S. Z. **Direito administrativo**. 15. ed. Editora Atlas: São Paulo, 2003

DIAS, J. C. V. **Aspectos Legais Relativos à Co-Titularidade de Invenções: O Código Civil e a Lei de inovação em Perspectiva.** *In*: Revista Semestral de Direito Empresarial (RSDE). jan./jun. 2009, n. 04, pp.173-215.

______. **The Brazilian legal framework and the elements of tax incentives for the promotion of R&D: who can benefit from the incentive law?** ANNUAL CONFERENCE LESI 2015. Creating value in tomorrow's smart economy – toward 2020 and beyond. Workshop: Funding Models for Innovation Including Public Private Innovative Models – BRICS. 2015a.

______. **The Brazilian Legal Framework And The Elements Of The Tax Incentives For The Promotion Of R&D: Who Can Benefit From The Incentive Law?**. *In*: TAVARES, M. L. (Org.). **Coleção Direito UERJ 80 Anos**. v. 4. 1. ed. Rio de Janeiro: Freitas Bastos Editora, 2015b.

FARIAS, C. C.; ROSENVALD, N. **Curso de Direito Civil: parte geral e LINDB**. v.1. 13. ed. São Paulo: Editora Atlas, 2015.

GASPAR, J. V. *et al.* **Conheça as 32 Redes de Colaboração para a Inovação no Brasil. Florianópolis** (recurso eletrônico): Perse, 2017. Disponível em: <http://recepeti1.hospedagemdesites.ws/wp-content/uploads/2015/03/ebook_redes.

pdf>. Acesso em: 14 out. 2020.

LESSA, M. Contratos para inovação. *In*: BARBOSA, Denis Borges. **Direito da inovação**: comentários à Lei de Federal de Inovação, incentivos fiscais à inovação, legislação estadual e local, poder de compra do Estado (modificações à Lei de Licitações). 2. ed. Rio de Janeiro: Lumen Juris, 2011. p. 409-468.

ORGANIZATION FOR ECONOMIC COOPERATION AND DEVELOPMENT (OECD). **Guidelines for collecting and reporting data on research and experimental development. 2015.** Disponível em: <https://www.oecd.org/sti/inno/frascati-manual.htm>. Acesso em: 30 nov. 2016.

PEREIRA, C. M. S. **Instituições de Direito Civil.** v. 1. Atualizado por Maria Celina Bodin de Moraes. 20. ed. Rio de Janeiro: Editora forense, 2004.

PORTELA, B. *et al. Marco legal de Ciência, Tecnologia e Inovação no Brasil.* Salvador: Editora Jus Podium, 2020.

POWELL, W; SNELLMAN, K. The **Knowledge Economy**. Annual Review of Sociology. 2004, pp. 199-220. Disponível em: <https://scholar.harvard.edu/files/kaisa/files/powell_snellman.pdf >. Acesso em: 10 mar. 2020.

PROCHNIK, V.; ARAÚJO, R. D. **Uma análise do baixo grau de inovação na indústria brasileira a partir do estudo de firmas menos inovadoras.** *In*: DE NEGRI, J; SALERNO, M. (Orgs.). *Inovações, padrões tecnológicos e desempenho das firmas industriais brasileiras.* Brasília: IPEA, 2005.

SIRTORI, Bruna. **Doutores titulados no exterior com apoio do CNPq no período 2000-2017: perfil dos bolsistas e ocupação dos egressos em 2018**. Escola Nacional de Administração Pública. Diretoria de Formação Profissional e Especialização. Coordenação Geral de Especialização. Especialização em Gestão de Políticas Públicas de Ciência, Tecnologia e Inovação. 2018. Disponível em < https://repositorio.enap.gov.br/bitstream/1/3831/1/BrunaSirtori_final_revisado.pdf>. Acesso em: 18 out. 2020.

TAVARES, M. L. (Org.). **Coleção Direito UERJ 80 Anos**. v. 4. 1. ed. Rio de Janeiro: Freitas Bastos Editora, 2015.

Impressão e acabamento
Gráfica da Editora Ciência Moderna Ltda.
Tel: (21) 2201-6662